Anthony de Mello

Mit allen Sinnen meditieren

Anthony de Mello

Mit allen Sinnen meditieren

Anstöße und Übungen

Herder
Freiburg · Basel · Wien

Titel der Originalausgabe:
Corpo e alma em oracão. Métodos & práticas

Aus dem Portugiesischen übertragen von
Irene Lucia Johna

Gestaltung: Finken & Bumiller, Stuttgart
Umschlagmotiv: Wassily Kandinski,
Fast versunken, März 1930
Herstellung: Freiburger Graphische Betriebe
Gedruckt auf umweltfreundlichem,
chlorfrei gebleichtem Papier
ISBN 3-451-26245-2

Inhalt

Einführung

Das vorliegende Buch entstand aus der Praxis christlichen Meditierens und Betens. Es enthält vierzig Übungseinheiten, die Anthony de Mello den Teilnehmern eines Exerzitienkurses angeboten hat.

Die Einheiten sind inspiriert von der Spiritualität und den geistlichen Übungen des heiligen Ignatius von Loyola. Im Zentrum der Übungen steht die *Anwendung der Sinne,* die zu einer ganzheitlichen Weise des Erkennens zu führen vermag. Gebet, das ist für Ignatius und – seiner Spiritualität folgend – für Anthony de Mello die sensitive Erfahrung der Begegnung mit Gott, wie sie sich vor allem im meditativen Nachvollziehen einer biblischen Geschichte ereignet. In seinem »Exerzitienbüchlein« sagt Ignatius: Wenn der Übende »die wahre Grundlage der Geschichte dadurch erfaßt, daß er sie vollständig überdenkt und auf ihren Grund dringt, und wenn er dabei etwas neu entdeckt, das die Geschichte ein wenig mehr aufhellt oder verkosten läßt ..., so gibt das mehr Geschmack und geistliche Frucht ...«; was der Seele wohltut, ist »das Spüren und Verkosten der Dinge von innen her« (21).

Indem der Betende sich einen Schrifttext lebendig vor Augen führt, die entsprechende Szene und die bestimmte Situation *schaut,* die sie begleitenden Geräusche *hört,* den Duft des Ortes, an dem sie sich ereignet, *riecht,* die Luft *schmeckt* und die Umgebung in seiner Vorstellung *ertastet,* öffnen sich Herz und Verstand für Gottes Wort und das Geheimnis Jesu. So sind die meisten Abschnitte der Gebetseinheiten dieses Bandes Einladungen, mit Geist und Sinnen in einzelne Heilsereignisse tiefer einzudringen und wesentliche Inhalte des christlichen Glaubensbekenntnisses erfahrend in sein Leben einzubringen.

Anthony de Mello erleichtert den Zugang zu dieser Gebetsweise dadurch, daß er neuere Formen meditativen Betens mit der ignatianischen Methode verbindet. So bietet er hier Atemübungen, Imaginationsübungen, Hörübungen und Übungen aus der spirituellen Leibarbeit an.

Der Aufbau der Einheiten ist dabei stets gleich: am Beginn steht eine Wahrnehmungsübung (I.), die den Beter für die biblische Betrachtung disponiert und vorbereitet. In der biblischen Betrachtung selbst (II.) werden zumeist mehrere Impulstexte vor allem aus dem Neuen Testament geboten, die meditiert und in das eigene Leben eingebracht werden sollen. Ergänzende praktische Hinweise erleichtern die Einübung in diese Weise des Betens.

Dieses Buch ist als kurzgefaßte Anleitung zu ganzheitlichem Beten für den einzelnen wie für das Gebet in Gruppen gedacht. Es ist nicht notwendig, die vorgegebene Reihenfolge einzuhalten. Vielmehr können Themen und Übungen beliebig ausgewählt werden.

São Paulo, 1996 *Edições Loyla*

1. Der Plan Gottes

I. Übung: Körperempfindungen

Wir beginnen diese Gebetszeit mit einer Entspannungs- und Stilleübung und beachten dabei, daß *Fühlen* nicht *Denken* ist. Ein Beispiel für eine solche Übung ist die folgende:

1. Setzen Sie sich aufrecht auf einen Stuhl, und nehmen Sie eine bequeme und entspannte Haltung ein. Die Hände ruhen locker und mit den Handflächen nach oben geöffnet auf Ihren Oberschenkeln. Halten Sie die Augen leicht geschlossen oder auf einen bestimmten Punkt gerichtet, der nicht weiter als ein Meter von Ihnen entfernt auf dem Boden oder an der Wand liegen sollte.
2. Nehmen Sie wahr, wie Ihre Kleidung auf Ihren Schultern liegt. Erspüren Sie das Gewicht Ihrer Kleidung.
3. Nehmen Sie wahr und erspüren Sie, wie sich Ihr Rücken leicht an den Stuhl lehnt.
4. Nehmen Sie wahr und erspüren Sie, wie sich Ihre Bauchdecke beim Einatmen ausdehnt und sich beim Ausatmen entspannt.
5. Nehmen Sie Ihren rechten Arm wahr; erspüren Sie sein Gewicht, machen Sie sich bewußt, was Sie mit Ihrem Arm empfinden. Tun Sie danach das gleiche mit Ihrem linken Arm.
6. Nehmen Sie wahr und erspüren Sie nun die Empfindungen Ihrer rechten Hand; dann der linken. Halten Sie die Hände locker und zum Empfangen geöffnet.
7. Nehmen Sie wahr und erspüren Sie nun die Empfindungen Ihres rechten Beines; dann des linken.
8. Nehmen Sie wahr und erspüren Sie zum Abschluß Ihre Füße in Ihren Schuhen und auf dem Boden. Beenden Sie danach die Übung.

Hinweise

◊ Mit sich selbst Kontakt aufzunehmen, indem man die Wahrnehmungen seines Körpers erspürt, hilft, mit Gott ins Gespräch zu kommen, weil ruhige Selbstbeobachtung es uns ermöglicht, innerlich still und aufnahmebereit zu werden.

◊ Eine etwa zehnminütige Stilleübung vor dem Gebet reicht gewöhnlich aus, um sich zu entspannen und zu beruhigen. Wenn Sie bei den Entspannungsübungen das Gefühl haben, Gott zu begegnen, verlängern Sie die Übung einfach.

◊ Aufrechtes Sitzen auf einem Stuhl oder einem Meditationsschemel erleichtert die Entspannungsübungen.

II. Biblische Betrachtung: *Der Plan Gottes*

1. Gottes Heilsplan wird sichtbar in Jesus Christus (Eph. 1,3-14).

Dieser Text erschließt, wie der Heilsplan Gottes in Jesus Christus sichtbar und erfahrbar wurde. Er preist überschwenglich die Größe des göttlichen Segens: *Gepriesen sei der Gott und Vater unseres Herrn Jesus Christus. Er hat uns mit allem Segen seines Geistes gesegnet durch unsere Gemeinschaft mit Christus im Himmel* (3). Gott wird weiter in den Versen 6,12 und 14 für seine Gnade in Christus gepriesen.

Der Plan Gottes realisiert sich:

- im Akt der Erwählung (4-5): er hat uns erwählt, damit wir heilig leben;
- in der göttlichen Annahme (5): er hat uns zu seinen Söhnen bestimmt;
- in der Erlösung (6-7): durch sein Blut sind wir erlöst;
- in der Stiftung von Geschwisterlichkeit (8-10): er hat uns in Christus vereint;

- in unserer Bestimmung als Erben (11-12): wir sind zum Lob seiner Herrlichkeit bestimmt;
- in der Gabe des Geistes (13-14): wir haben das Siegel des Heiligen Geistes empfangen.

2. Der Plan Gottes mit jedem Menschen (Jer. 1,5).

Diese Textstelle zeigt, daß Gott für eine ganz bestimmte Person, Jeremia, einen Plan hat. Wir können uns vorstellen, daß Gott jedem einzelnen das sagt, was er Jeremia gesagt hat: *Noch ehe ich dich im Mutterleib formte, habe ich dich ausersehen, noch ehe du aus dem Mutterschoß hervorkamst, habe ich dich geheiligt, zum Propheten für die Völker habe ich dich bestimmt.*

3. Die Gegenwart Gottes im Leben der Menschen (Ps. 139).

In Psalm 139 drückt der Psalmist sein Staunen und seine Freude darüber aus, daß er

- die beständige Nähe Gottes in seinem Leben erfährt(1-6),
- die universelle Gegenwart Gottes (7-12) in der Welt spürt,
- der liebevolle Wille Gottes ihn ins Leben gerufen hat und erhält(13-18).

Eines Tages,
in einem Augenblick großer Nähe zu Christus,
stellte sich Theresa von Avila dem Herrn vor:
»Ich bin Theresa von Jesus«,
und Jesus entgegnete:
»Und ich bin Jesus von Theresa«.

2. Gott liebt uns

I. Übung: Atemempfindungen

Eine andere gute Möglichkeit, still und ruhig zu werden, ist die Wahrnehmung unseres Atems:

1. Setzen Sie sich aufrecht auf einen Stuhl, und nehmen Sie eine bequeme und entspannte Haltung ein. Die Hände ruhen locker und mit den Handflächen nach oben geöffnet auf den Oberschenkeln. Halten Sie Ihre Augen leicht geschlossen oder auf einen bestimmten Punkt gerichtet, der nicht weiter als einen Meter von Ihnen entfernt auf dem Boden oder an der Wand liegen sollte.
2. Nehmen Sie die Luft wahr, die beim Atmen Ihre Nase durchströmt. Erspüren Sie die Kühle der Luft beim Einatmen, ihre Wärme beim Ausatmen.
3. Nehmen Sie wahr und erspüren Sie, wohin die Luft in Ihrem Körper strömt. Folgen Sie dem Strom der Luft durch die Nase in Ihre Lungen... .
4. Nehmen Sie wahr und erspüren Sie, wie unterschiedlich die Luft durch Ihre beiden Nasenlöcher strömt.
5. Nehmen Sie wahr und erspüren Sie, wie sich Ihre Lungen beim Einatmen füllen, wie sich Ihre Bauchdecke dehnt und beim Ausatmen wieder entspannt.
6. Nehmen Sie nun das Aus und Ein Ihres Atems wahr. Versuchen Sie nicht, Ihren Atem zu steuern, bleiben Sie der unbeteiligte Beobachter dieses natürlichen, ohne Ihr Zutun ablaufenden Prozesses. Lassen Sie es atmen. Sie können sich, den Rythmus Ihres Atems begleitend, in Gedanken sagen: »Es atmet ein ... es atmet aus ... es atmet ein ... usw«.
7. Wenn Sie das Gefühl haben, ganz ruhig und entspannt zu sein, beenden Sie die Übung.

Hinweise

◊ Häufig empfinden wir Gedanken und Bilder, die während der Wahrnehmungsübungen auftreten, als ablenkend und störend. Verbieten Sie diesen Gedanken und Bildern aber nicht zu erscheinen; sie fesseln Sie dann nur umso mehr. Lassen Sie die Bilder vielmehr kommen, betrachten Sie sie und lassen Sie sie weiterziehen. Sie können sich beispielsweise sagen: »Aha, jetzt sehe ich mich an meinem Arbeitsplatz und denke an die vielen Dinge, die noch zu tun sind ... Nun lasse ich diesen Gedanken ziehen und wende mich wieder meinem Atem zu ... .«

◊ Besonders mit dem Bewußtwerden seiner Atmung erreicht man innere Stille, lassen sich Ablenkungen vertreiben. Gottes geoffenbartes Wort versteht man nur in der Stille.

II. Biblische Betrachtung: *Gott liebt uns*

1. Gott und Vater (2 Kor. 6,18).

Dann will ich euer Vater sein, und ihr sollt meine Söhne und Töchter sein, spricht der Herr, der Herrscher über die ganze Schöpfung.

2. Gott teilt uns seine Liebe mit (Jes. 43-44).

- *fürchte dich nicht, denn ich habe dich ausgelöst;*
- *ich habe dich beim Namen gerufen, du gehörst mir;*
- *weil du in meinen Augen teuer und wertvoll bist ...*
- *... und ich dich liebe;*
- *fürchte dich nicht, denn ich bin mit dir;*
- *ich habe dich zu meiner Ehre erschaffen;*
- *denkt nicht mehr was früher war. Auf das, was vergangen ist, sollt ihr nicht achten. Ich bin es, der um meinetwillen deine Vergehen auslöscht, ich denke nicht mehr an deine Sünden;*
- *kehr um zu mir, denn ich erlöse dich.*

3. Der Beweis seiner Liebe ist, daß er uns seinen Sohn gesandt hat (1 Joh. 4,9-10).

Die Liebe Gottes wurde unter uns dadurch offenbart, daß Gott seinen einzigen Sohn in die Welt gesandt hat, damit wir durch ihn leben. Nicht darin besteht die Liebe, daß wir Gott geliebt haben, sondern daß er uns geliebt und seinen Sohn als Sühne für unsere Sünden gesandt hat.

4. Der Vater gibt den Menschen auch den Heiligen Geist (Lk. 11,13).

Der Vater im Himmel wird den Heiligen Geist denen geben, die ihn bitten.

5. Wir sind Gottes Adoptivkinder (1 Joh. 3,1).

Seht, wie groß die Liebe ist, die der Vater uns geschenkt hat: Wir heißen Kinder Gottes, und wir sind es.

6. Der Vater gibt uns das Leben durch Jesus Christus.

Der Vater gibt uns das Leben durch Jesus Christus. Jesus selbst sagte: *Ich bin gekommen, damit sie das Leben haben und es in Fülle haben* (Joh. 10,10). *Gott hat uns das ewige Leben gegeben; und dieses Leben ist in seinem Sohn* (1 Joh. 5,11).

7. Der Vater ist reich an Erbarmen (Lk. 15,11-32).

Das Gleichnis vom verlorenen Sohn oder von der Vatergüte Gottes: *Denn mein Sohn war tot und lebt wieder; er war verloren und ist wiedergefunden worden. Und sie begannen, ein fröhliches Fest zu feiern..*

3. Mehr sein

I. Übung: Körperempfindungen der Ruhe

1. Wiederholen Sie die Übung Nr. 1 in den Punkten 1-4.
2. Wenn Sie Ihren Atem einige Zeit bewußt wahrgenommen haben, wenden Sie sich den Empfindungen Ihres Kopfes zu. Lassen Sie Ihren Kopf leicht nach vorne sinken, dann nach hinten, nach rechts, nach links. Stellen Sie sich danach vor, Ihre Wirbelsäule sei verlängert bis unter Ihre Schädeldecke, und lassen Sie Ihren Kopf wie eine Schale auf einem Stab an dem Punkt, wo die Wirbelsäule die Schädeldecke berührt, sein Gleichgewicht finden. Pendeln Sie Ihren Kopf aus, bis er ganz frei und entspannt aufruht.
4. Gehen Sie nun weiter hinunter zu den Empfindungen des Halses, wo sich gerne Spannungen ansammeln. Versuchen Sie, den Hals und die Schultern zu entspannen. Ziehen Sie Ihre Schultern mehrmals ganz hoch und lassen Sie sie dann abrupt fallen. Erspüren Sie den Unterschied zwischen Spannung und Entspannung, und lassen Sie dann Ihre Schulten entspannt ruhen.
5. Nehmen Sie Ihren rechten Arm wahr; erspüren Sie sein Gewicht, machen Sie sich bewußt, was Sie mit Ihrem Arm empfinden. Machen Sie danach dasselbe mit Ihrem linken Arm.
6. Nehmen Sie wahr und erspüren Sie nun die Empfindungen Ihrer rechten Hand; dann der linken. Halten Sie die Hände locker und aufnahmebereit geöffnet.
7. Nehmen Sie wahr und erspüren Sie nun die Empfindungen Ihres rechten Beines; dann des linken.
8. Nehmen Sie wahr und erspüren Sie zum Abschluß Ihre Füße in Ihren Schuhen und auf dem Boden. Beenden Sie danach die Übung.

Hinweise

◊ Wenn Sie während der Wahrnehmungsübung ein Kitzeln oder einen Schmerz empfinden, bewegen Sie sich nicht; nehmen Sie die Störung nur wahr wie die Gedanken, die kommen und gehen, und warten Sie bis sie nicht mehr da ist.

◊ Stilleübungen können Sie auch außerhalb Ihrer Gebetszeit im Verlauf des Tages immer wieder machen, um Ihre Aufmerksamkeit zu schärfen und ruhig zu bleiben.

II. Biblische Betrachtung: *Menschsein ist mehr*

1. Gott schuf uns als sein Abbild (Gen. 1,27).

Gott schuf den Menschen als sein Abbild. Der Mensch soll aus freiem Willen das mangelhafte Abbild Gottes, das er ist, vervollkommnen.

2. Jesus wuchs heran (Lk. 2,52).

Jesus aber wuchs heran, und seine Weisheit nahm zu, und er fand Gefallen bei Gott und den Menschen.

3. Seid vollkommen (Mt. 5,48).

Ihr sollt also vollkommen sein, wie es auch euer himmlischer Vater ist.

4. Das sichtbare Bild des unsichtbaren Gottes ist Jesus Christus.

»Christus macht in der Offenbarung des Geheimnisses des Vaters und seiner Liebe dem Menschen den Menschen selbst voll kund und erschließt ihm seine höchste Berufung« (Gaudium et spes, 22).

Jesus ist der Weg und die Wahrheit und das Leben (Joh. 14,6).

Das ist das ewige Leben: dich, den einzigen wahren Gott, zu erkennen und Jesus Christus, den du gesandt hast (Joh. 17,3).

Ich bin gekommen, damit sie das Leben haben und es in Fülle haben (Joh. 10,10).

5. Die Freude des Apostels Paulus, weil er nach einem großen Ideal gelebt hat (2 Tim. 4,6-8).

Schon jetzt liegt für mich der Kranz der Gerechtigkeit bereit, den mir der Herr, der gerechte Richter, an jenem Tag geben wird, aber nicht nur mir, sondern allen, die sehnsüchtig auf sein Erscheinen warten.

6. Jesus tut den Willen des Vaters (Hebr. 10,7).

Ja, ich komme, um deinen Willen zu tun. Wußtet ihr nicht, daß ich in dem sein muß, was meinem Vater gehört? (Lk. 2,49); *Meine Stunde ist noch nicht gekommen* (Joh. 2,4); *die Stunde ist gekommen, in der der Menschensohn verherrlicht wird* (Joh. 12,23); *meine Speise ist es, den Willen dessen zu tun, der mich gesandt hat, und sein Werk zu Ende zu führen* (Joh. 4,34); *mein Vater, wenn es möglich ist, gehe dieser Kelch an mir vorüber. Aber nicht wie ich will, sondern wie du willst* (Mt. 26,39).

7. Jesus erfüllt den Willen des Vaters (Lk. 23,46).

Vater, in deine Hände lege ich meinen Geist (Lk. 23,46);
er neigte das Haupt und gab seinen Geist auf (Joh. 19,30).

Wachstum

*Der Meister verfocht die große Idee,
daß in der Frage des Wachstums
jeder seinen eigenen Rhythmus haben müsse.
Er verdeutlichte seinen Schülern diese Theorie
gewöhnlich mit dieser Geschichte:*

*Jemand beobachtete einen Schmetterling,
der darum kämpfte, aus seinem Kokon zu schlüpfen ...
Für den Betrachter war die Geburt langsam und schmerzhaft.
So begann er, das Tierchen mit seinem freundlichen
und warmen Atem anzublasen,
um ihm bei der Geburt zu helfen ...
Tatsächlich gelang es ihm, den Prozeß zu beschleunigen.
Der Schmetterling schlüpfte aus,
aber seine feinen Flügel waren verklebt!*

*Und der Meister schloß mit dem Hinweis:
»Den Wachstumsprozeß, meine Freunde,
kann man nicht beschleunigen: das ist fatal.
Erzwungenes Wachstum geht zugrunde!«*

4. Laßt euch miteinander versöhnen

I. Übung: Gott atmen

1. Wiederholen Sie die Übung Nr. 2. Konzentrieren Sie sich noch einmal auf die Atmung. Stellen Sie sich dabei vor:
2. Die Atmosphäre ist voll von Gottes Gegenwart. Sie atmen Gott ein, wie Sie die Luft einatmen. Indem Sie die Luft atmen, die Ihr Blut mit Sauerstoff anreichert, fühlen Sie, wie auch Gott in Sie eindringt, wie er reinigt, erneuert und stärkt.
3. Die ausströmende Luft ist wie ein verschmutzter Fluß, der die vorhandenen Verunreinigungen wegschwemmt. Den Egoismus und die Feigheit schwemmt er fort. Zurück bleiben Sie voller Liebe, Stärke und Güte.
4. Sie können sich beim Ausatmen zugleich vorstellen, Lob, Dank, Freude und Hingabe auszudrücken. Sprechen Sie beim Ausatmen in Gedanken einen Lobpreis, der Ihnen aus dem Herzen kommt.
5. Verharren Sie in diesem Ein und Aus Gottes. Fühlen Sie seine Gegenwart, die Leben, Liebe, Energie, Vergebung ist. Lassen Sie sich ganz davon umfangen. Wenn Sie ganz still geworden sind, beenden Sie die Übung.

Hinweise

◊ Wenn Sie Entspannungsübungen machen, vermeiden Sie nachzudenken, beobachten Sie nur, wie die Gedanken kommen und gehen, so als beobachteten Sie einen strömenden Fluß, die ewige Bewegung der Wellen des Meeres.

◊ Diese und andere Entspannungs- und Schweigeübungen, die uns innerlich Gottes Gegenwart fühlen lassen, können wirkliches Beten sein und nach Belieben verlängert werden.

II. Biblische Betrachtung: *Laßt euch miteinander versöhnen*

1. Die Sünde in der Bibel.

Die Geschichten, die die Bibel erzählt, sind nicht immer erbaulich: die Sünde Adams (Gen. 3,1-24); die Sünde Kains (Gen. 4,1-16); die Sünde Davids (2 Sam. 11-12); die Sünde Judas´ (Joh. 13,21-30).

2. Die Sünde beleidigt die Heiligkeit Gottes (Bar. 1,15).

Der Herr, unser Gott, ist im Recht; uns aber treibt es bis heute die Schamröte ins Gesicht ..., denn wir haben gegen den Herrn gesündigt.

3. Sünde ist Götzendienst (Bar. 1,22).

Jeder von uns folgte den Neigungen seines bösen Herzens; wir dienten anderen Göttern und taten, was dem Herrn, unserem Gott, mißfällt.

4. Sünde ist Knechtschaft (Bar. 2,5).

Aus Herrschern wurden Unterdrückte; denn wir haben gegen den Herrn, unseren Gott gesündigt und nicht auf seine Stimme gehört.

5. Sünde ist Einsamkeit und Verbannung (Bar. 3,8).

Siehe, wir sind noch heute in den Ländern unserer Verbannung, in die du uns versprengt hast, zum Schimpf, zum Fluchwort und zur Verwünschung, entsprechend allen schlechten Taten unserer Väter, die abtrünnig wurden vom Herrn, unserem Gott.

6. Wir sind alle Sünder (1 Joh. 1,8-10).

Wenn wir sagen, daß wir keine Sünde haben, führen wir uns selbst in die Irre, und die Wahrheit ist nicht in uns. Wenn wir unsere Sünden bekennen, ist er treu und gerecht; er vergibt uns die Sün-

den und reinigt uns von allem Unrecht. Wenn wir sagen, daß wir nicht gesündigt haben, machen wir ihn zum Lügner, und sein Wort ist nicht in uns.

7. Aber die Sünde hat nicht das letzte Wort (Eph. 2,4-5).
Gott aber, der voll Erbarmen ist, hat uns, die wir infolge unserer Sünden tot waren, in seiner großen Liebe, mit der er uns geliebt hat, zusammen mit Christus wieder lebendig gemacht. Aus Gnade seid ihr gerettet.

An einem Bindfaden

Eine der irritierendsten
und zugleich schönsten Lehren des Meisters war diese:
Gott ist den Sündern näher als den Heiligen ...
Er erklärte diese Behauptung so:

Gott, dort oben im Himmel,
hält uns alle an einem Bindfaden.
Bei jeder Sünde schneiden wir den Faden durch;
doch Gott knotet ihn wieder fest zusammen.
Weil aber der Faden durch die Knoten kürzer und kürzer wird,
kommen wir Gott immer ein kleines Stückchen näher.
So ist jede Sünde ein Schnitt,
und jedem Schnitt entspricht ein Knoten.
Und jeder Knoten bringt uns Gott näher.

5. Gott ist reich an Erbarmen

I. Übung: Gott atmen – Kommunikation ohne Worte

1. Wiederholen Sie Übung Nr. 2. Wieder konzentrieren wir uns auf die Atmung. Beobachten Sie, wie sich Ihr Zwerchfell hebt und senkt, folgen Sie Ihrem Atem und stellen Sie sich vor:
2. Die Luft ist voll Gottes Gegenwart . Sie atmen Gott, wie Sie die Luft atmen… .
3. Stellen Sie sich vor, daß er in Sie eindringt und sie reinigt, wie die Luft in die Lunge strömt und das Blut reinigt. Wie die Luft unser Blut mit Sauerstoff anreichert, stärkt und kräftigt uns die Gegenwart Gottes.
4. Atmen Sie ruhig ein und aus. Sprechen Sie beim Einatmen in Gedanken den Satz. »Gott, erfülle mich«. Sprechen Sie beim Ausatmen in Gedanken den Satz: »Gott, befreie mich«.
5. Stellen Sie sich beim Ausatmen Ihre Sünden und Verfehlungen vor. Bereuen Sie sie. Empfinden Sie den Wunsch, sich Gott hinzugeben. Betonen Sie diese Hingabe, indem Sie aktiv ausatmen.
6. Atmen Sie bewußt ein und aus. Geben Sie den Atemzügen die Bedeutung von Hingabe, Liebe, Nähe, Lobpreis, Akten des Erbarmens, von Anbetung, Reinigung und Vergeben. Auch der heilige Ignatius empfahl diese Art des Betens im Rhythmus der Atmung.
7. Beobachten Sie schließlich einfach nur wiederum Ihren Atem. Wenn Sie sich ruhig fühlen, beenden Sie die Übung.

Hinweise

◊ Unser Wunsch nach Gott ist ein Akt der Liebe.

◊ Diese und andere Übungen können uns reinigen, so wie der Akt der Reue uns reinigt, je nach Stärke des Glaubens und der Gnade Gottes.

◊ Die Erfahrung, sich als Sünder zu erkennen, ist notwendig und heilsam, wenn sie mit der Erfahrung der Liebe Gottes einhergeht, die den Menschen von der Sünde befreit. Bei diesem Gebet kann man die Erfahrung machen, sich gereinigt zu fühlen, gerettet durch die Liebe Jesu, der am Kreuz sein Blut für uns vergossen hat.

Das Wissen um die Sünde ist, wenn es echt ist, ein Werk des Heiligen Geistes und trägt nie dazu bei, entmutigt zu sein. Es ist ein Wissen, das uns versöhnt und und uns ein Gefühl der Reinheit vermittelt durch die Liebe Gottes zu Jesus Christus. »Indem ich dir deine Sünden aufzeige, zeige ich dir, daß ich dich heilen will« (Pascal).

II. Biblische Betrachtung: *Gott ist reich an Erbarmen*

1. Wir haben einen Beistand, Christus (1 Joh. 2,1-2).

Meine Kinder, ich schreibe euch dies, damit ihr nicht sündigt. Wenn aber einer sündigt, haben wir einen Beistand beim Vater: Jesus Christus, den Gerechten. Er ist die Sühne für unsere Sünden, aber nicht nur für unsere Sünden, sondern für die der ganzen Welt.

2. Das verlorene und wiedergefundene Schaf (Lk. 15,3-7).

Da erzählte er ihnen ein Gleichnis und sagte: Wenn einer von euch hundert Schafe hat und eines davon verliert, läßt er dann nicht die neunundneunzig in der Steppe zurück und geht dem verlorenen nach, bis er es findet? Und wenn er es gefunden hat, nimmt er es voll Freude auf die Schultern, und wenn er nach Hause kommt, ruft er seine Freunde und Nachbarn zusammen und sagt zu ihnen: Freut euch mit mir; ich habe mein Schaf wiedergefunden, das verloren war. Ich sage euch: Ebenso wird auch im Himmel mehr Freude herrschen über einen einzigen Sünder, der umkehrt, als über neunundneunzig Gerechte, die es nicht nötig haben umzukehren.

3. Jesus ist der gute Hirt (Joh. 10,11.14.17).

Ich bin der gute Hirt. Der gute Hirt gibt sein Leben hin für die Schafe. ... Ich bin der gute Hirt; ich kenne die Meinen, und die Meinen kennen mich. ... Deshalb liebt mich der Vater, weil ich mein Leben hingebe, um es wieder zu nehmen.

4. Ein neues Herz (Ez. 36,25-26).

Ich gieße reines Wasser über euch aus, dann werdet ihr rein. Ich reinige euch von aller Unreinheit und von alle Götzen. Ich schenke euch ein neues Herz und lege einen neuen Geist in euch. Ich nehme das Herz von Stein aus eurer Brust und gebe euch ein Herz von Fleisch.

5. Legt den alten Menschen ab (Eph. 4,22-24).

Legt den alten Menschen ab, der in Verblendung und Begierde zugrunde geht, ändert euer früheres Leben, und erneuert euren Geist und Sinn! Zieht den neuen Menschen an, der nach dem Bild Gottes geschaffen ist in wahrer Gerechtigkeit und Heiligkeit.

Das verlorene Schaf

Ein Schaf entdeckte ein Loch im Zaun,
schlüpfte hinaus,
und fand sich hochzufrieden in Freiheit.
Es lief hierhin und dorthin und verlor
schließlich den Weg zurück nach Hause.
Da bemerkte es, daß ihm ein hungriger Wolf
dicht auf den Fersen war.
So wie es seinen Lauf beschleunigte,
lief auch der Wolf schneller,
bis endlich die Hirten kamen,
um es vor dem Raubtier zu retten.
Sie nahmen das Schaf in die Arme,
streichelten es und brachten es nach Hause.
Allen guten Ratschlägen der Freunde,
die alles beobachtet hatten, zum Trotz,
weigerte sich der Hirte,
den Zaun zu reparieren.
Denn er sagte:
»Ich muß ihm seine Freiheit sichern!«.

***

Christus zu Füßen
frage ich mich
mit Ignatius von Loyola:
– *Was habe ich für Christus getan?*
– *Was tue ich für Christus?*
– *Was soll ich für Christus tun?*

6. Ein neues Leben in Christus

I. Übung: Körperempfindungen

1. Wiederholen Sie Übung Nr. 1. Wenn Sie bei den Füßen angekommen sind, beenden Sie die Übung nicht, sondern setzen Sie sie in der folgenden Weise fort:
2. Verweilen Sie bei jedem Körperteil einige Sekunden. Beginnen Sie bei Ihrem Kopf: Versuchen Sie, die Kopfhaut zu erspüren, die Stirn, die Augenbrauen, die Nase, die Lippen, die Wangen, das Kinn, den Hals, Ohren, Schultern, Brust, Oberkörper, Arme, Hände, Beine, Füße ... Versuchen Sie auch Ihren feinsten und subtilsten Empfindungen noch nachzuspüren, zum Beispiel den Empfindungen um die Augen.
3. Kehren Sie nun den Vorgang um und beginnen Sie mit den Füßen.
4. Wenn Sie wieder den Empfindungen des Kopfes nachgespürt haben, lassen Sie diese Wahrnehmung los, und erspüren Sie nun Ihren ganzen Körper. Nehmen Sie seine Lebendigkeit wahr.
5. Machen Sie sich nun bewußt, daß jede Empfindung Ihres Körpers nur eine biochemische Reaktion ist, die den Schöpfungsakt des allmächtigen Gottes braucht, um entstehen zu können.
6. Stellen Sie sich die unendliche Macht Gottes vor, die in uns wirkt. Stellen Sie sich vor, daß Sie sie jedes Mal fühlen, wenn wir diese Empfindungen erfahren ... Stellen Sie sich vor, daß jede einzelne eine liebevolle Berührung Gottes ist, sanft und angenehm.
7. Stellen Sie sich vor, daß diese Berührung Gottes hell ist, gesund, daß sie alles lindert und heilt ...
8. Nun sind Sie körperlich und seelisch bereit, das Gebet der Umkehr zu beginnen. Hören Sie Jesus auf den Plätzen predigen,

auf den Feldern, in den Synagogen. Er ist am Anfang seiner Verkündigung, und sein bevorzugtes Thema lautet: »*Kehrt um und glaubt an das Evangelium!*« (Mk. 1,15).

9. Stellen Sie sich diesen predigenden, jungen Propheten vor. Seine Rede ist voller Neuigkeiten, Verheißungen und Ansprüche. *Denn er lehrte sie wie einer, der die (göttliche) Vollmacht hat, und nicht wie ihre Schriftgelehrten* (Mt. 7,29). Hören Sie das Gemurmel der Menge, die Jesus folgt. Lauschen Sie Jesus, der die Stimme erhebt.

10. Erzählen Sie Jesus Ihre Vergangenheit. Setzen Sie sich mit Jesus unter einen Baum. Erzählen Sie ihm Ihre ganze Vergangenheit. Sie ähnelt der des verlorenen Sohnes. Aber Jesus bekümmert unsere Vergangenheit wenig. Er umgibt sich mit Sündern, die für ihn Hoffnung sind, und in deren Rettung er Erfüllung findet.

11. Stellen Sie sich vor, daß die Erfahrung der Güte und des Erbarmens Gottes das einzig Gültige und Bleibende aus Ihrer Vergangenheit ist: »Gott war gut zu mir«. Nun weiß ich aus eigener Erfahrung, daß *der Menschensohn gekommen ist, um zu suchen und zu retten, was verloren ist* (Lk. 19,10).

12. Treten Sie in das Herz Christi ein, den Raum seiner Hinwendung und Liebe an Sie. Die Gegenwart gehört Christus. Bitten sie um die Gnade, diesen Raum betreten zu dürfen, und erspüren Sie, wie er uns liebt. Wir können sagen: »Ich glaube an seine Liebe, ich erfahre in diesem Moment seine Liebe, und ich sage ihm, der bei mir ist: Ich glaube, Jesus, an deine Liebe«.

Hinweise

◊ Alle Wahrnehmungsübungen gelingen besser und werden in ihrer Wirkung vertieft, je öfter man sie macht.

◊ Ihre Erfahrung wird Ihnen zeigen, daß es etwas gibt, das die verschiedenen Übungen verbindet und sie zu einer ähnlichen Wirkung führt. Sie können also getrost eine Lieblingsübung haben, die Sie oft oder vielleicht sogar als einzige machen, ohne dadurch etwas zu verlieren, das Ihnen nur eine andere Übung, die Sie vielleicht nicht mögen, bringen könnte.

◊ Wählen Sie deshalb die Übungen, von denen Sie den Eindruck haben, daß sie am besten zu Ihnen passen.

◊ Üben Sie nie zu lange, aber auch nicht zu kurz. 5 bis 10 Minuten Zeit sollten Sie sich immer nehmen, länger als 25 Minuten sollten Sie ohne Pause bei keiner Übung bleiben.

II. Biblische Betrachtung: *Ein neues Leben in Christus*

1. Ein neues Leben in Christus (Eph. 2,1-10).

Ihr wart tot infolge eurer Verfehlungen und Sünden. Ihr wart einst darin gefangen, wie es der Art dieser Welt entspricht, unter der Herrschaft jenes Geistes, der im Bereich der Lüfte regiert und jetzt noch in den Ungehorsamen wirksam ist. Zu ihnen gehörten auch wir alle einmal, als wir noch von den Begierden unseres Fleisches beherrscht wurden. Wir folgten dem, was das Fleisch und der böse Sinn uns eingaben, und waren von Natur aus Kinder des Zorns wie die anderen. Gott aber, der voll Erbarmen ist, hat uns, die wir infolge unserer Sünden tot waren, in seiner großen Liebe, mit der er uns geliebt hat, zusammen mit Jesus Christus auferweckt und uns zusammen mit ihm einen Platz im Himmel gegeben. Dadurch, daß er in Christus Jesus gütig an uns handelte, wollte er den kommenden Zeiten den überfließenden Reichtum seiner Gnade zeigen. Denn aus Gnade seid ihr durch den Glauben gerettet, nicht aus eigener Kraft – Gott hat es geschenkt –, nicht aufgrund eurer Werke, damit keiner sich rühmen kann. Seine Geschöpfe sind wir, in Christus Jesus dazu geschaffen, in unserem Leben die guten Werke zu tun, die Gott für uns im voraus bereitet hat.

2. Seht her, ich mache alles neu (Jes. 43,18-20).

Denkt nicht mehr an das, was früher war; auf das, was vergangen ist, sollt ihr nicht achten. Seht her, nun mache ich etwas Neues. Schon kommt es zum Vorschein, merkt ihr es nicht? Ja, ich lege einen Weg an durch die Steppe und lasse Ströme durch die Wüste fließen.

Ich, ich bin es, der um meinetwillen deine Vergehen auslöscht, ich denke nicht mehr an deine Sünden. Ich fege deine Vergehen hinweg wie eine Wolke und deine Sünden wie Nebel. Kehr um zu mir, denn ich erlöse dich

3. Ein neues Herz (Ez. 36,26).

Ich schenke euch ein neues Herz und lege einen neuen Geist in euch. Ich nehme das Herz von Stein aus eurer Brust und gebe euch ein Herz von Fleisch.

Oh, glückliche Schuld!

Der jüdische Mystiker Baal Shem
hatte eine merkwürdige Art, zu Gott zu beten.
So sprach er:

»Bedenke, Herr, daß du genauso
mich brauchst wie ich dich.
Gäbe es dich nicht,
zu wem könnte ich dann beten?
Gäbe es mich nicht,
wer könnte dich dann anbeten?«

Dieser Gedanke machte mich sehr froh:
Gäbe es keine Sünde,
hätte Gott auch keine Gelegenheit,
sein Erbarmen zu zeigen.
Er braucht auch die Sünde.
Der Himmel freut sich mehr über einen reuigen Sünder,
als über neunundneunzig Gerechte,
die nichts zu bereuen haben.

7. Die Umkehr des Zachäus

I. Übung: Gott in der Natur

Um still und ruhig zu werden und sich auf das Gebet vorzubereiten, können Sie auch eine Imaginationsübung machen. Ein Beispiel für eine solche Übung ist die folgende:

1. Setzen Sie sich wie in Übung 1 beschrieben entspannt auf einen Stuhl. Nun begeben Sie sich in Gedanken an einen Ort, der in Ihnen ein Gefühl von Ruhe, Gelassenheit und Freude hervorruft: ein Strand, ein Berggipfel, ein Waldweg, eine stille Kirche, eine Terrasse unter sternenbedecktem Himmel.
2. Stellen Sie sich die Natur um Sie herum vor: Bäume, Vögel, Tiere, den Himmel, vielleicht einen See oder Berg, den Blick auf die Stadt ... Lassen Sie die Erhabenheit der Schöpfung auf Sie wirken. Nehmen Sie die Stille auf, die die Natur vermittelt.
3. Nehmen Sie auch die Bewegung in der Natur wahr: die Morgenfrische, die Hitze des Mittags, die Kühle des Abendwindes... .
4. Fragen Sie die Natur, die Bäume, die Vögel, die Flüsse, den Berg, die Sterne usw., ob sie Ihnen etwas mitzuteilen haben. Fragen Sie vor allem die Menschen, was sie Ihnen zu sagen haben.
5. Fragen Sie auch den Herrn, was er Ihnen durch die Natur mitteilen möchte. Warten Sie auf seine Antwort. Sie kann ein Wort, ein Satz oder auch nur Stille sein.
6. Denken Sie daran, daß Gott durch unsere Augen die Schönheit der Schöpfung betrachtet. Laden Sie Gott ein, durch Ihre Augen die schönsten Dinge zu sehen, die er erschaffen hat. Wenn Sie sich durch die Bibel inspiriert fühlen, laden Sie die Schöpfung ein, den Herrn mit dem Lobgesang der drei jungen Männer aus dem Buch Daniel zu preisen (3, 52-90).

7. Wenn Sie das Gefühl haben, ganz an dem Ort Ihrer Imagination der Natur angekommen zu sein, beenden Sie die Übung, und kehren Sie langsam in Ihre wirkliche Umgebung zurück.

Hinweise

◊ Diese Übung kann sehr bereichernd sein, wenn sie in einer besonderen Umgebung gemacht wird, zum Beispiel bei Sonnenaufgang, am Meer, auf einem Berggipfel, in einem schönen Park voller Vogelgezwitscher, beim Rauschen des Regens usw.

◊ Imaginationsübungen sind besonders geeignet, Gott in seiner Schöpfung zu begegnen.

II. Biblische Betrachtung: *Die Umkehr des Zachäus*

1. Zachäus war nicht zufrieden (Lk. 19,1-4).

Dann kam Jesus nach Jericho und ging in die Stadt. Dort wohnte ein Mann namens Zachäus; er war der oberste Zollpächter und war sehr reich. Er wollte gern sehen, wer dieser Jesus sei, doch die Menschenmenge versperrte ihm die Sicht; denn er war klein.

2. Jesus ergreift die Initiative, um in das Haus des Zachäus zu gehen (Lk. 19,5).

Als Jesus an die Stelle kam, schaute er hinauf und sagte zu ihm: »Zachäus, komm schnell herunter! Denn ich muß heute in deinem Haus zu Gast sein.«

3. Zachäus empfängt Jesus in seinem Haus (Lk,19,6).

Da stieg er schnell herunter und nahm Jesus freudig bei sich auf.

4. Die Pharisäer verstehen nichts vom Mysterium der Gnade (Lk. 19,7).

Als die Leute das sahen, empörten Sie sich und sagten: »Er ist bei einem Sünder eingekehrt.«

5. Die radikale Umkehr des Zachäus (Lk. 19,8).

Zachäus aber wandte sich an den Herrn und sagte: »Herr, die Hälfte meines Vermögens will ich den Armen geben, und wenn ich von jemand zuviel gefordert habe, gebe ich ihm das Vierfache zurück.«

6. Jesu Freude über die geistliche Heilung des Zachäus (Lk. 19,9-10).

Da sagte Jesus zu ihm: »Heute ist diesem Haus das Heil geschenkt worden, weil auch dieser Mann ein Sohn Abrahams ist. Denn der Menschensohn ist gekommen, um zu suchen und zu retten, was verloren ist.«

7. Ein neues Leben in Christus (Röm. 12,2).

Gleicht euch nicht dieser Welt an, sondern wandelt euch und erneuert euer Denken, damit ihr prüfen und erkennen könnt, was der Wille Gottes ist: was ihm gefällt, was gut und vollkommen ist.

Gott erinnert sich nicht mehr

Eine Frau glaubte, sie habe Gotteserscheinungen.
Also ging sie zum Bischof, um sich von ihm Rat zu holen.
Der Bischof legte ihr nahe:
»Sie mögen an Erscheinungen glauben.
Haben sie aber dafür Verständnis,
wenn ich als Bischof der Diözese darüber entscheide,
ob Ihre Erscheinungen echt oder falsch sind.«
»Durchaus, Exzellenz!«
»Also hören Sie gut zu:
Wenn Sie sagen,
daß Ihnen Gott erschienen ist
und er Ihnen wieder einmal erscheint,
werden Sie eine Probe machen,
durch die ich erfahre, ob es wirklich Gott ist.«
»Einverstanden, Exzellenz. Aber wie geht die Probe?«
»Sagen Sie zu Gott, wenn er Ihnen erscheint:
›Bitte offenbare mir die persönlichen
und privaten Sünden des Herrn Bischofs!‹
Wenn es wirklich Gott ist, der Ihnen erscheint,
wird er Ihnen meine Sünden offenbaren.
Dann kommen Sie wieder und erzählen mir alles –
aber sonst niemandem! In Ordnung?«
»Ich werde alles so machen, Exzellenz.«
Einen Monat später bat die Frau erneut
um einen Termin beim Bischof.
Sofort fragte er sie:
»Und, ist Gott Ihnen wieder erschienen?«
»Ich glaube schon, Exzellenz.«
»Und haben Sie ihm die Frage gestellt,
so wie ich es Ihnen gesagt habe?«
»Gewiß, Exzellenz.«

»Und was hat Gott gesagt?«
»Gott sagte mir:
Geh zum Bischof und teile ihm mit,
daß ich alle seine Sünden vergessen habe.«

Wie finden Sie das?
Es gibt kein, Buch, in dem Ihre Sünden vermerkt werden.
Und wissen Sie was?
Gott führt kein Sündenregister, keine Listen.
Er sieht uns in diesem jetzigen Augenblick
und umfängt uns mit bedingungsloser Liebe.

8. Mit Jesus auf einem Berg

I. Übung: Auf Geräusche lauschen

In die Stille eintreten können Sie auch, indem Sie sich ganz auf Ihr Gehör konzentrieren und lauschen.

1. Setzen Sie sich wie in Übung 1 beschriebenen entspannt auf einen Stuhl. Lauschen Sie auf die Geräusche in ihrer Umgebung. Gehen Sie den Geräuschen nach, und versuchen Sie, sie zu unterscheiden: die nahen … die fernen … die leisen … die lauten … . Versuchen Sie zuerst, jedes Geräusch zu identifizieren. Denken Sie nicht weiter über das Geräusch nach, nehmen Sie es nur wahr.
2. Nehmen Sie nun all diese Geräusche nicht einzeln wahr, sondern zusammenhängend, als bildeten sie eine das Universum erfüllende Sinfonie. Geräusche sind die Lebenszeichen unserer Umgebung. Fühlen Sie sich eins mit all den Geräuschen. Laden Sie sie ein, den Herrn zu preisen.
3. Stellen Sie sich vor, Sie leihen Gott Ihr Ohr, damit auch er diese Sinfonie der Schöpfung hören kann.
4. Laden Sie Gott ein, auf die angenehmsten Geräusche der Natur zu achten, die er erschaffen hat. Entspannen Sie sich bei dem Gedanken daran, daß Gott durch Ihre Ohren hört.
5. Fragen Sie sich dann umgekehrt, was Gott Ihnen durch die Geräusche der Natur mitteilt. Nehmen Sie die Empfindungen wahr, die die verschiedenen Geräusche bei Ihnen hervorrufen.

6 Kehren Sie zum Schluß nochmals zur Sinfonie der Geräusche zurück, und verweilen Sie bei der Beobachtung des Konzertes, das Sie umgibt. Wenn Sie den Zeitpunkt für gekommen halten, verlassen Sie die Übung.

Hinweise

◊ Bedenken Sie: Geräusche sind nur die andere Seite der Stille. Inmitten jedes Geräusches herrscht Stille.

◊ Wir können unsere Wahrnehmung von Geräuschen beeinflussen, denn diese hängt davon ab, wie wir ihnen gegenübertreten. Alles kann Harmonie sein, ob wir sie wahrnehmen, hängt allein von uns ab.

◊ Jedes Geräusch enthält viele andere Geräusche: versuchen Sie, sie alle zu unterscheiden.

II. Biblische Betrachtung: *Mit Jesus auf einem Berg*

1. Unser Testament – eine Imaginationsübung

Stellen Sie sich vor, Sie sind mit Jesus auf einem Berggipfel. Schreiben Sie in seiner Gegenwart und mit seiner Gnade eine Art Testament. Beantworten Sie die folgenden Punkte, und versuchen Sie, ganz offen mit Jesus zu sein:

- Folgende Menschen waren mir im Leben sehr lieb …
- Diese Ideen und Erfahrungen brachten mir Befreiung …
- Darum habe ich mich bemüht, dafür habe ich gelebt …
- Diese Vorstellung habe ich gehabt: vom Vater …;
  von Jesus Christus …; von Maria …; von der Kirche … .
- Mit diesen Gefahren habe ich in meinem Leben gespielt …
- Diese Leiden haben mich reifen lassen …
- Diese Einflüsse haben mein Leben geformt
  (Menschen, Tätigkeiten, Bücher, Begebenheiten) …
- Diese Bibelstellen haben meinen Weg erleuchtet …
- Diese Taten in meinem Leben bereue ich …
- Dafür kann ich Gott nicht genug danken …
- Diese Gnade möchte ich durch mein Gebet erlangen …
- Davon möchte ich mich befreien …

2. Zieht den neuen Menschen an (Eph. 4,22-24).

Legt den alten Menschen ab, der in Verblendung und Begierde zugrunde geht, ändert euer früheres Leben, und erneuert euren Geist und Sinn! Zieht den neuen Menschen an, der nach dem Bild Gottes geschaffen ist in wahrer Gerechtigkeit und Heiligkeit.

3. Ihr werdet rein (Ez. 36,25).

Ich gieße reines Wasser über euch aus, dann werdet ihr rein. Ich reinige euch von aller Unreinheit und von allen euren Götzen.

Sieh in dein Inneres

»Warum ist hier jeder glücklich außer mir?«,
fragte ein Schüler.
»Weil sie gelernt haben,
überall Güte und Schönheit zu sehen,
sagte der Meister.
»Warum sehe ich nicht überall Güte und Schönheit?«
»Weil du draußen nicht etwas sehen kannst,
was du in deinem Inneren nicht siehst.«

9. Das Reich Gottes

I. Übung: Auf Gott lauschen

1. Wiederholen Sie Übung Nr. 8. Nehmen Sie die Geräusche in Ihrer Umgebung wahr. Ihr Gehörsinn ist in Tätigkeit. Bedenken Sie: Ihr Gehör ist das eine, das andere ist das »Ich«, das hört.
2. Bedenken Sie auch: Jedes Geräusch wird durch den allmächtigen Gott hervorgebracht und erhalten. Gott ist »Geräusch«. Begeben Sie sich hinein in die Welt der Geräusche. Lassen Sie sich in Gott hinein fallen.
3. Nehmen Sie wahr und erspüren Sie, was Gott Ihnen in jedem Geräusch mitteilt. Jedes Geräusch ist eine Berührung Gottes, leicht, angenehm, beruhigend, harmonisch.
4. Ergründen Sie schließlich die Tiefen Ihres Herzens, um in ihm »das besondere Wort« zu finden, das Gott jetzt und hier sagen möchte. Lauschen Sie auf »das Wort«: JESUS. Er ist *das* Wort. Anfangs leise, dann immer deutlicher und lauter. Fühlen Sie, wie dieses Wort Ihr ganzes Sein erschüttert, den Kopf, das Herz, die Glieder.
5. Sprechen Sie das Wort nicht aus, lauschen Sie nur; freuen Sie sich, wenn Sie merken, daß es Sie glücklich macht, daß es Frieden gibt und Harmonie.
6. Sehen Sie nun, wie »dieses Wort« die Grenzen Ihres Seins durchbricht, um in Ihre Umgebung einzudringen. Von Ihnen ausgehend durchdringt es wie eine Schallwelle die ganze Welt.
7. Betrachten Sie, wie jedes Lebewesen und alle Natur im Takt dieses Wortes schwingt: die Pflanzen, die Bäume, das Meer, die Sterne, die Sonne, die Berge und Täler, die Menschen schwingen im Takt dieses Wortes. In ihm wird alles eins und harmonisch, wird alles rein und schön. Alles erfüllt seinen Sinn.

8. Schreien Sie dieses Wort im Inneren mit aller Kraft und so oft sich der Geist dazu inspiriert fühlt. Beenden Sie dann die Übung, wenn es Ihnen gut scheint.

Hinweise

◊ Diese Übung hat überrachende Wirkungen. Sie sind die Frucht der Stille, in die wir einzutreten lernen.

◊ Diese Stille öffnet uns für den Geist, der in unseren Herzen lebt. In dieser Stille begegnen wir dem Geist. Und er hat uns viel über den zu sagen, den uns der Vater gesandt hat.

II. Biblische Betrachtung: *Der hörende Weg des Petrus*

1. Die erste Begegnung mit Jesus.

Bevor Petrus Jesus in Demut und Wahrhaftigkeit seine Liebe bekennen konnte, mußte er einen Weg der Vorbereitung gehen, der ein Beispiel sein kann für unsere Hingabe an Jesus Christus.

Als Jesus am See von Galiläa entlangging, sah er zwei Brüder, Simon, genannt Petrus, und seinen Bruder Andreas; sie warfen gerade ihr Netz in den See, denn sie waren Fischer. Da sagte er zu ihnen: Kommt her, folgt mir nach! Ich werde euch zu Menschenfischern machen. Sofort ließen sie ihre Netze liegen und folgten ihm. (Mt. 4,18-20).

2. Das erste Gespräch des Petrus mit Jesus (Lk. 5,8.10).

Als Simon Petrus das sah, fiel er Jesus zu Füßen und sagte: Herr, geh weg von mir; ich bin ein Sünder. Da sagte Jesus zu Simon: Fürchte dich nicht! Von jetzt an wirst du Menschen fangen.

3. Das zweite Gespräch des Petrus mit Jesus (Mt. 14,26-31).

Als ihn die Jünger über den See kommen sahen, erschraken sie, weil sie meinten, es sei ein Gespenst, und sie schrien vor Angst. Doch Jesus begann mit ihnen zu reden und sagte: Habt Vertrauen, ich bin es; fürchtet euch nicht! Darauf erwiderte ihm Petrus: Herr, wenn du es bist, so befiel, daß ich auf dem Wasser zu dir komme. Jesus sagte: Komm! Da stieg Petrus aus dem Boot und ging über das Wasser auf Jesus zu. Als er aber sah, wie heftig der Wind war, bekam er Angst und begann unterzugehen. Er schrie: Herr, rette mich! Jesus streckte die Hand aus, ergriff ihn und sagte zu ihm: Du Kleingläubiger, warum hast du gezweifelt?

4. Das Bekenntnis, das Petrus einen Vorrang gibt (Mt. 16,13-18).

Als Jesus in das Gebiet von Cäsarea Philippi kam, fragte er seine Jünger: Für wen halten die Leute den Menschensohn? Sie sagten: Die einen für Johannes den Täufer, andere für Elija, wieder andere für Jeremia oder sonst einen Propheten. Da sagte er zu ihnen: Ihr aber, für wen haltet ihr mich? Simon Petrus antwortete: Du bist der Messias, der Sohn des lebendigen Gottes! Jesus sagte zu ihm: Selig bist du, Simon Barjona; denn nicht Fleisch und Blut haben dir das offenbart, sondern mein Vater im Himmel. Ich aber sage dir: Du bist Petrus, und auf diesen Felsen werde ich meine Kirche bauen, und die Mächte der Unterwelt werden sie nicht überwältigen.

5. Das Gespräch Jesu mit Petrus bei der Fußwaschung (Joh. 13,6-9).

Als er zu Simon Petrus kam, sagte dieser zu ihm: Du, Herr, willst mir die Füße waschen? Jesus antwortete ihm: Was ich tue, verstehst du jetzt noch nicht; doch später wirst du es begreifen. Petrus entgegnete ihm: Niemals sollst du mir die Füße waschen! Jesus erwiderte ihm: Wenn ich dich nicht wasche, hast du keinen Anteil an mir. Da sagte Simon Petrus zu ihm: Herr, dann nicht nur meine Füße, sondern auch die Hände und das Haupt.

6. Die Ankündigung der Verleugnung durch Petrus (Joh. 13,36.38)

Simon Petrus sagte zu ihm: Herr, wohin willst du gehen? Jesus antwortete: Wohin ich gehe, dorthin kannst du mir jetzt nicht folgen. Du wirst mir aber später folgen. Petrus sagte zu ihm: Herr, warum kann ich dir jetzt nicht folgen? Mein Leben will ich für dich hingeben. Jesus entgegnete: Du willst für mich dein Leben hingeben? Amen, amen, das sage ich dir: Noch bevor der Hahn kräht, wirst du mich dreimal verleugnen.

7. Was ihm unmöglich erschien, geschieht doch (Mt. 26,73-75).

Kurz darauf kamen die Leute, die dort standen, zu Petrus und sagten: Wirklich, du gehörst auch zu ihnen, deine Mundart verrät dich. Da fing er an, sich zu verfluchen und schwor: Ich kenne den Menschen nicht. Gleich darauf krähte ein Hahn, und Petrus erinnerte sich an das, was Jesus gesagt hatte: Ehe der Hahn kräht, wirst du mich dreimal verleugnen. Und er ging hinaus und weinte bitterlich.

Lukas fügt eine sehr wichtige Einzelheit nach der dritten Verleugnung hinzu: *Im gleichen Augenblick, noch während er redete, krähte ein Hahn. Da wandte sich der Herr um und blickte Petrus an. Und Petrus erinnerte sich an das, was der Herr zu ihm gesagt hatte: Ehe der Hahn kräht, wirst du mich dreimal verleugnen. Und er ging hinaus und weinte bitterlich* (Lk. 22,60-62).

8. Von der Liebe Christi zur Vorrangstellung Petri (Joh. 21,15-17).

Als sie gegessen hatten, sagte Jesus zu Simon Petrus: Simon, Sohn des Johannes, liebst du mich mehr als diese? Er antwortete ihm: Ja, Herr, du weißt, daß ich dich liebe. Jesus sagte zu ihm: Weide meine Lämmer! Zum zweitenmal fragte er ihn: Simon, Sohn des Johannes, liebst du mich? Er antwortete ihm: Ja, Herr, du weißt, daß ich dich liebe. Jesus sagte zu ihm: Weide meine Schafe! Zum drittenmal fragte er ihn: Simon, Sohn des Johannes, liebst du mich? Da wurde Petrus traurig, weil Jesus ihn zum drittenmal gefragt hatte: Hast du mich lieb? Er gab ihm zur Antwort: Herr, du weißt alles; du weißt, daß ich dich liebhabe. Jesus sagte zu ihm: Weide meine Schafe!

Die Puppe aus Salz

Eine Puppe aus Salz wanderte über die Erde,
bis sie ans große Meer kam,
wo sie über diese unendliche Menge
unruhigen Wassers,
wie sie sie noch nie gesehen hatte,
nachzusinnen begann.
»Wer bist du?«, fragte sie schließlich das Meer.
»Komm ins Wasser, dann wirst du schon sehen«,
antwortete das Meer lächelnd.
Gesagt, getan – sie stieg ins Wasser,
und je tiefer sie hineinging,
desto mehr löste sie sich auf,
bis nur noch ein winziges Stückchen ihres Körpers übrigblieb.
Bevor sie sich völlig auflöste,
rief die Puppe aus Salz erstaunt aus:
»Jetzt weiß ich, wer du bist!«

10. Wer, sagst du, bin ich?

I. Übung: Zurückkehren in die Welt der Sinne

1. Kehren wir in die Welt der Sinne zurück. Bringen wir Worte und Gedanken zum Schweigen. Wiederholen Sie dazu die in Übung 9 angeführten Schritte.

Hinweise

◊ Mittlerweile haben Sie gelernt, sich mit den Wahrnehmungsübungen auf das eigentliche Gebet vorzubereiten. Sie wissen, welche Übung Ihnen besonders zusagt, bei welcher Sie noch Schwierigkeiten haben, welche Ihnen nicht liegt. Scheuen Sie sich nicht, die Übung zu Ihrer Lieblingsübung zu machen, bei der Sie sich am wohlsten fühlen und bei der Sie daß Gefühl haben, daß sie Ihnen am besten gelingt!

◊ Wenn Sie meinen, noch weitere Übungen zu brauchen, können Sie jede der vorangegangenen wiederholen.

II. Biblische Betrachtung: *Wer, sagst du, bin ich?*

1. Jesus ist einfach.

Er kommt arm zur Welt: *und sie gebar ihren Sohn, den Erstgeborenen. Sie wickelte ihn in Windeln und legte ihn in eine Krippe* (Lk. 2,7).

Seine ersten Besucher sind Arme: *Als die Engel sie verlassen hatten und in den Himmel zurückgekehrt waren, sagten die Hirten zueinander: Kommt, wir gehen nach Betlehem, um das Ereignis zu sehen, das uns der Herr verkünden ließ*
(Lk. 2,15).

Seine Familie war arm: *Ist das nicht der Sohn des Zimmermanns* (Mt. 13,55)?

Er umgibt sich mit Armen wie der Gastgeber des Festmahls: *Geh schnell auf die Straßen und Gassen der Stadt und hol die Armen und die Krüppel, die Blinden und die Lahmen herbei* (Lk. 14,21).

Er nennt die Armen glücklich: *Selig, ihr Armen, denn euch gehört das Reich Gottes* (Lk. 6,20).

Die meisten Apostel sind arme Fischer: *Als Jesus am See von Galiläa entlangging, sah er Simon und Andreas, den Bruder des Simon, die auf dem See ihr Netz auswarfen; sie waren nämlich Fischer. Da sagte er zu ihnen: Kommt her, folgt mir nach! Ich werde euch zu Menschenfischern machen* (Mk. 1,16). *Als er ein Stück weiterging, sah er Jakobus, den Sohn des Zebedäus, und seinen Bruder Johannes; sie waren im Boot und richteten ihre Netze her. Sofort rief er sie* (Mk. 1,19-20).

Jesus bringt den Armen die Frohe Botschaft: *Der Geist des Herrn ruht auf mir, den der Herr hat mich gesalbt. Er hat mich gesandt, damit ich den Armen eine gute Nachricht bringe* (Lk. 4,18).

Jesus hat keinen Ort, wo er sein Haupt niederlegen kann: *Die Füchse haben ihre Höhlen und die Vögel ihre Nester; der Menschensohn aber hat keinen Ort, wo er sein Haupt hinlegen kann* (Mt. 8,20).

Jesus »vergeudet« seine Zeit mit Kindern: *Da brachte man die Kinder zu ihm, damit er ihnen die Hände auflegte. Die Jünger aber wiesen die Leute schroff ab. Als Jesus das sah, wurde er unwillig und sagte zu ihnen: Laßt die Kinder zu mir kommen; hindert sie nicht daran! Denn Menschen wie ihnen gehört das Reich Gottes. Und er nahm die Kinder in seine Arme; dann legte er ihnen die Hände auf und segnete sie* (Mk. 10,13-16).

Jesus preist den Vater, weil er die Geheimnisse des Reiches Gottes den Unmündigen offenbart: *Ich preise dich, Vater, Herr des Himmels und der Erde, weil du all das den Weisen und Klugen verborgen, den Unmündigen aber offenbart hast* (Lk. 10,21).

2. Jesus schenkt den Armen und Kranken besondere Beachtung.

Jesus ergreift die Initiative und heilt die Frau mit dem verkrümmten Rücken (Lk. 13,12). Er hat Mitleid und heilt den Leprakranken (Lk. 5,12-16). Er heilt einen Gelähmten (Lk. 5,17-26). Er heilt den Diener des Hauptmanns (Lk. 7,1-10). Er heilt die Frau, die den Saum seines Gewandes berührt (Lk. 8,43-48). Er heilt zehn Leprakranke (Lk. 17,11-19). Er heilt den Blinden von Jericho (Lk. 18,35-43). Er rettet den einzigen Sohn der Witwe von Nain (Lk. 7,11-17). Er rettet die Tochter des Jairus (Lk. 8,40-56). Er rettet Lazarus (Joh. 11,1-44).

3. Jesus ist ein guter Freund.

Wie mich der Vater geliebt hat, so habe auch ich euch geliebt. Bleibt in meiner Liebe (Joh. 15,9)! *Einer von den Jüngern lag an der Seite Jesu; es war der, den Jesus liebte* (Joh. 13,23). *Ich nenne euch nicht mehr Knechte ..., vielmehr habe ich euch Freunde genannt; denn ich habe euch alles mitgeteilt, was ich von meinem Vater gehört habe* (Joh. 15,15). *Denn Jesus liebte Marta, ihre Schwester und Lazarus* (Joh. 11,5).

4. Jesus ist feinfühlig.

Er läßt dem Mädchen, das er auferweckt hat, Essen bringen (Lk. 8,55); er bewundert die edle Tat der armen Witwe (Lk. 21,4); er ist empfänglich für die Schönheit der Lilien (Lk. 12,27); er ermahnt die Apostel nach Tagen anstrengenden Predigens, sich zu erholen: *Kommt mit an einen einsamen Ort, wo wir allein sind, und ruht ein wenig aus* (Mk. 6,31).

5. Jesus zeigt in Worten und Werken, daß er ein Herz für Sünder hat.

In Worten: Das Gleichnis vom verlorenen Sohn (Lk. 15,11-32); das Gleichnis vom verlorenen Schaf (Lk. 15,1-7); das Gleichnis von der verlorenen Drachme (Lk. 15,8-10); das Beispiel des barmherzigen Samariters (Lk. 10,29-37).

In Werken: Jesus vergibt der Sünderin, weil sie so viel Liebe gezeigt hat (Lk. 7,36-50); der Besuch im Hause des Zöllners Zachäus (Lk. 19,1-10); das Gespräch am Jakobsbrunnen (Joh. 4,1-42); Jesus und die Ehebrecherin (Joh. 8,1-11).

Alle Zöllner und Sünder kamen zu ihm, um ihn zu hören. Die Pharisäer und die Schriftgelehrten empörten sich darüber und sagten: Er gibt sich mit Sündern ab und ißt sogar mit ihnen (Lk. 15,1-2).

6. Jesus anerkennt und ermutigt die anderen.

Über Johannes den Täufer sagte er: *unter allen Menschen gibt es keinen größeren als Johannes* (Lk. 7,28); den Jüngern bestätigt er: *Ihr seid das Salz der Erde … Ihr seid das Licht der Welt* (Mt. 5,13-14); Jesus freut sich über den Erfolg der Predigten der zweiundsiebzig Jünger (Lk. 10,17-20).

7. Jesus ist Gottes Sohn.

Größer als Abraham (Joh. 8,58) und Moses (Mt. 19,8-9); mehr als David (Mt. 12,23); mehr als Salomon (Mt. 12,42); mehr als Jona (Mt. 12,41); mehr als Johannes der Täufer (Joh. 1,27) oder alle anderen Propheten; er ist Herr über das Gesetz (Mt. 5,27-33) und über den Sabbat (Mk. 2,28); er vergibt den Menschen ihre Sünden (Mt. 9,1-8); er richtet die Menschen (Joh. 5,22); er erklärt sich dazu fähig, Menschen aufzuerwecken und ihnen das Ewige Leben zu geben (Joh. 5,21 und 6,44); er vollbringt die Werke seines Vaters (Joh. 10,36-37); er ist eins mit dem Vater (Joh. 10,30 und 38).

Christus, der Mittelpunkt aller Dinge

Er ist das Ebenbild des unsichtbaren Gottes,
der Erstgeborene der ganzen Schöpfung.
Denn in ihm wurde alles erschaffen
im Himmel und auf Erden,
das Sichtbare und das Unsichtbare,
Throne und Herrschaften, Mächte und Gewalten;
alles ist durch ihn und auf ihn hin geschaffen.
Er ist vor aller Schöpfung,
in ihm hat alles Bestand.
Er ist das Haupt des Leibes,
der Leib aber ist die Kirche.
Er ist der Ursprung,
der Erstgeborene der Toten;
so hat er in allem Vorrang.
Denn Gott wollte mit seiner ganzen Fülle
in ihm wohnen,
um durch ihn alles zu versöhnen.
Alles im Himmel und auf Erden
wollte er zu Christus führen,
der Friede gestiftet hat am Kreuz durch sein Blut.

Kolosserbrief 1,15-20

11. Inkarnation – Menschwerdung des Wortes

I. Übung: Mit dem Körper beten

Der Apostel Paulus fragt: Wißt ihr nicht, daß ihr Gottes Tempel seid und der Geist Gottes in euch wohnt (1 Kor. 3,16)? Und Psalm 84 betont, daß wir Gott gerade deshalb loben können, weil wir über einen Leib verfügen: *Mein Herz und mein Leib jauchzen ihm zu, ihm, dem lebendigen Gott* (Ps. 84,3). Darum können Sie Ihrem Gebet und Ihrer Hingabe an Gott auch mit Ihrem Körper Ausdruck verleihen, wie die folgende Übung zeigt:

1. Setzen Sie sich in der oben schon öfter beschriebenen Weise bequem und entspannt auf einen Stuhl.
2. Machen Sie sich bewußt, daß Körper und Geist eine betende Einheit bilden, die mit dem heiligen Augustinus sagen kann: »Du hast uns zu dir hin erschaffen, Herr, und unser Herz kommt nicht zur Ruhe, bis es ruht in dir« (Bekenntnisse 1,1).
3. Freuen Sie sich an dieser Wahrheit – stehen Sie auf, erheben Sie die Arme, bringen Sie mit Ihrem ganzen »Ich«, Körper und Geist, Ihr Verlangen nach dem lebendigen Gott zum Ausdruck.
4. Drücken Sie spontan in Körpersprache Ihre innersten Gefühle aus: Bewunderung, Zufriedenheit, Freude, Ehrfurcht, Lobpreisung, Erbarmen.
5. Finden Sie selbst einen Weg, mit Gestik und Mimik, mit Händen und Blicken, all diese und andere Gefühle, die Sie in diesem Moment haben, auszudrücken: Reue, Vertrauen in Gott, Hingabe.

Hinweise

◊ Gebetsmethoden sind ein Mittel des Gebetes nicht der eigentliche Zweck unseres Betens oder gar das Gebet selbst. Wenn wir einer Methode zuviel Bedeutung beimessen, reduzieren wir das Gebet zu einer reinen Übung körperlicher und geistiger Entspannung, und sonst nichts.

◊ Der Körper ist Bestandteil unseres Seins, und wir können ihn benutzen, um uns innerlich zu sammeln. Der Betende sind immer wir, insofern wir eine dynamische Einheit aus Geist, Seele und Körper bilden.

◊ Die Bibel und die Liturgie beziehen den Körper in das Gebet ein. Die Meister des Gebets sagen, daß die »Gebetsmethoden« eine Art Zugbrücke zu einer Burg sind. Es steht fest, daß es keine menschliche Technik gibt, ob Zen oder Yoga, die an sich schon die Gotteserfahrung ermöglicht, das Einssein mit ihm, die Schau Gottes. Dieses Ziel des christlichen Betens ist eine reine Gabe Gottes. Die körperlichen und asketischen Techniken erhalten ihren Sinn nur als Mittel zum Zweck. Die heilige Theresa sagte schon: »Wir sind keine Engel, aber wir haben einen Körper«. Auch ein anderer großer Meister des Betens, der heilige Ignatius von Loyola, empfiehlt in seinen »Geistlichen Übungen« verschiedene Körperstellungen: stehend, zu Boden geworfen, kniend, sitzend, liegend, und eine seiner Gebetsmethoden heißt die »Anwendung der Sinne«: sehen, hören, schmecken, riechen, berühren.

II. Biblische Betrachtung: *Die Menschwerdung des Wortes*

1. Das Geheimnis der Menschwerdung (Lk. 1,26-38).

Versuchen Sie sich in Maria hineinzuversetzen, die *alles, was geschehen war, in ihrem Herzen aufbewahrte* (Lk. 2,5-19).

2. Die Heiligste Dreifaltigkeit hat am Geheimnis der Menschwerdung Anteil (Gal. 4,4-6).

Als aber die Zeit erfüllt war, sandte Gott seinen Sohn, geboren von einer Frau und dem Gesetz unterstellt, damit er die freikaufe, die unter dem Gesetz stehen, und damit wir die Sohnschaft erlangen. Weil ihr aber Söhne seid, sandte Gott den Geist seines Sohnes in unser Herz, den Geist, der ruft: Abba, Vater.

»Diese Worte feiern ja in einem gemeinsamen Lobpreis die Liebe des Vaters, die Sendung des Sohnes, die Gabe des Geistes, die Frau, aus der der Erlöser geboren wurde, unsere göttliche Sohnschaft, und dies im Geheimnis der ›Fülle der Zeit‹« (Redemptoris mater,1).

3. Der Vater hat am Geheimnis der Menschwerdung Anteil (1 Joh. 4,9-10).

Die Liebe Gottes wurde unter uns dadurch offenbart, daß Gott seinen einzigen Sohn in die Welt gesandt hat, damit wir durch ihn leben. Nicht dadurch besteht die Liebe, daß wir Gott geliebt haben, sondern daß er uns geliebt und seinen Sohn als Sühne für unsere Sünden gesandt hat.

Er wird groß sein und Sohn des Höchsten genannt werden. Deshalb wird auch das Kind heilig und Sohn Gottes genannt werden (Lk. 1,32.35).

4. Der Sohn hat Anteil am Geheimnis der Menschwerdung (Heb. 10,5-7).

Darum spricht Christus bei seinem Eintritt in die Welt: Schlacht- und Speiseopfer hast du nicht gefordert, doch einen Leib hast du mir geschaffen; an Brand- und Sündopfern hast du keinen Gefallen. Da sagte ich: Ja, ich komme – so steht es über mich in der Schriftrolle –, um deinen Willen, Gott, zu tun.

Und das Wort ist Fleisch geworden und hat unter uns gewohnt (Joh. 1,14).

5. Der Heilige Geist hat am Geheimnis der Menschwerdung Anteil (Lk. 1,35).

Der Heilige Geist wird über dich kommen und die Kraft des Höchsten wird dich überschatten.

»Die Fülle der Zeit bezeichnet den Moment, in dem der Heilige Geist, der Maria von Nazaret schon die Fülle der Gnade geschenkt hatte, in ihrem jungfräulichen Schoß die menschliche Natur Christi geformt hat« (Redemptoris mater,1).

6. Maria hat am Geheimnis der Menschwerdung Anteil (Lk. 1,30-31.38).

Fürchte dich nicht, Maria, denn du hast bei Gott Gnade gefunden. Du wirst ein Kind empfangen, einen Sohn wirst du gebären: dem sollst du den Namen Jesus geben. Da sagte Maria: Ich bin die Magd des Herrn; mir geschehe, wie du es gesagt hast.

Als aber die Zeit erfüllt war, sandte Gott seinen Sohn, geboren von einer Frau (Gal. 4,4).

»(In Maria) verwirklicht und vollzieht sich die Menschwerdung des göttlichen Wortes, die Verbindung des Gottessohnes mit der Menschennatur in einer Person« (Redemptoris mater, 9).

7. Die Menschen haben am Mysterium der Inkarnation Anteil (Gal. 4,4-7).

Gott sandte seinen von einer Frau geborenen Sohn, damit wir die Sohnschaft erlangen.

Als aber die Zeit erfüllt war

Als aber die Zeit erfüllt war,
sandte Gott seinen Sohn,
geboren von einer Frau
und dem Gesetz unterstellt,
damit er die freikaufe,
die unter dem Gesetz stehen,
und damit wir die Sohnschaft erlangen.
Weil ihr aber Söhne seid,
sandte Gott den Geist seines Sohnes in unser Herz,
den Geist, der ruft: Abba, Vater.

Galaterbrief 4,4-6

12. Der Besuch

I. Übung: Feinere Empfindungen

1. Wählen Sie dafür feinere Körperempfindungen, das Atmen oder leise Geräusche mit dem grundlegenden Ziel, Ihre Aufmerksamkeit zu schärfen. Wiederholen Sie dazu Übung 1 oder Übung 8.
2. Wenn Ihre Aufmerksamkeit vom Mittelpunkt der Betrachtung abgelenkt wird, lassen Sie sich davon nicht beunruhigen, sondern sagen Sie sich beispielsweise: »Jetzt denke ich nach«; »Jetzt werde ich gestört«; »Jetzt höre ich auf etwas« ... und kehren Sie dann langsam wieder zu Ihrer nur beobachtenden Aufmerksamkeit zurück.
3. Beginnen Sie nun Ihre Wahrnehmung zu schärfen. Nehmen Sie wahr und erspüren Sie die Empfindungen nicht nur in Ihren Armen und Beinen, Händen und Füßen, sondern auch in den kleineren Gliedern Ihres Körpers, Ihren Fingern, Zehen, im Ohrläppchen, an der Nasenspitze. Gehen Sie den leiseren Geräuschen in Ihrer Umgebung nach.
4. Es macht nichts, wenn Sie in einigen Bereichen Ihres Körpers nichts fühlen. Schon allein das Bemühen, etwas zu fühlen, gibt Ihnen die wohltuende Wirkung dieser Übung.
5. Bedenken Sie: Stille kann man nicht unmittelbar herbeiführen oder aufsuchen, man kann lediglich in sich selbst die Aufmerksamkeit auf etwas ganz Bestimmtes konzentrieren, dann wird Stille einkehren.
6. Um mit Gott in dieser Stille zu kommunizieren, stellen Sie sich vor, daß Sie ihn mit jedem Atemzug empfangen und sich mit jedem Ausatmen ihm hingeben. Stellen Sie sich vor, daß jeder Atemzug einem Wunsch Gottes entspricht, den er an uns hat, und daß jedes Ausatmen Ausdruck des Wunsches unserer

Hingabe an ihn ist. Wenn wir einatmen, sagt Gott »Ja« zu uns, akzeptiert er uns, wie wir jetzt sind, mit unserer Vergangenheit und unserer Zukunft. Wenn wir ausatmen, geben wir uns Gott hin, geben wir uns in seine Hände und ergeben uns seinem Willen, und so wird alles Harmonie und Friede.

7. Wenn Sie sich friedlich fühlen, beenden Sie die Übung.

Hinweise

◊ Wenn Sie mit einer Übung Problem haben, so geben Sie es nach dem ersten Versuch mit ihr nicht gleich auf. Probieren Sie sie mehrmals aus. Bleiben Sie einige Tage bei ihr. Vielleicht dauert es etwas, bis Sie Geschmack an Ihr finden. Sollte sich jedoch gar keine Freude an einer bestimmten Übung einstellen, dann quälen Sie sich nicht und halten Sie sich an die, die Ihnen mehr zusagen.

◊ Ein wichtiger Rat des Autors der »Geistlichen Übungen«, des hl. Ignatius: »Denn nicht das viele Wissen sättigt und befriedigt die Seele, sondern das Erfühlen und innerste Erkennen der Dinge«.

II. Biblische Betrachtung: *Der Besuch Marias bei Elisabet*

1. Begleiten Sie Maria auf ihrem Weg nach Ain-karim (Lk. 1,39-40).

Nach einigen Tagen machte sich Maria auf den Weg und eilte in eine Stadt im Bergland von Judäa. Sie ging in das Haus von Zarachias und begrüßte Elisabet.

»Maria begibt sich aus Liebe in das Haus ihrer Verwandten« (Redemptoris mater, 12).

2. Begrüßung Elisabets (Lk. 1,41-42).

Als Elisabet den Gruß Marias hörte, hüpfte das Kind in ihrem Leib. Da wurde Elisabet vom Heiligen Geist erfüllt und rief mit lauter Stimme: Gesegnet bist du mehr als alle anderen Frauen, und gesegnet ist die Frucht deines Leibes.

Nachdem Elisabet fühlt, wie das Kind vor Freude in ihrem Leib hüpfte, erwidert sie – voll des Heiligen Geistes - den Gruß Marias und grüßt *mit lauter Stimme* zurück: *Gesegnet bist du unter den Frauen, und gesegnet ist die Frucht deines Leibes.* Dieser preisende Ausruf Elisabets sollte dann als Fortsetzung des Grußes des Engels in das Ave-Maria eingehen (Redemptoris mater, 12).

3. Elisabet gibt Zeugnis von Maria (Lk. 1,43).

Wer bin ich, daß die Mutter meines Herrn zu mir kommt?

»Elisabet gibt Zeugnis für Maria: sie erkennt und bekennt, daß vor ihr die Mutter des Herrn steht, die Mutter des Messias. An diesem Zeugnis beteiligt sich der Sohn, den Elisabet in ihrem Schoß trägt: *Das Kind hüpfte vor Freude in meinem Schoß* (Lk. 1,44)« (Redemptoris mater, 12).

4. Selig ist die, die geglaubt hat (Lk. 1,45).

Selig ist die, die geglaubt hat, daß sich erfüllt, was der Herr ihr sagen ließ.

»In dieser Glaubensantwort war ein vollkommenes Zusammenwirken mit der zuvorkommenden und helfenden Gnade Gottes und eine vollkommene Verfügbarkeit gegenüber dem Wirken des Heiligen Geistes enthalten ... Maria hat dies *Fiat* – mir geschehe – im Glauben gesprochen. Im Glauben hat sie sich ohne Vorbehalte Gott überantwortet und gab sich als Magd des Herrn ganz der Person und dem Werk des Sohnes hin« (Redemptoris mater, 13).

5. Die Lobpreisung Marias (Lk. 1,46-49).

Meine Seele preist die Größe des Herrn, und mein Geist jubelt über Gott, meinen Retter. Denn auf die Niedrigkeit seiner Magd hat er geschaut. Siehe, von nun an preisen mich selig alle Geschlechter. Denn der Mächtige hat Großes an mir getan, und sein Name ist heilig.

»Ihre erlesenen Worte, die so einfach und zugleich ganz durch die heiligen Texte Israels inspiriert sind, zeigen die tiefe persönliche Erfahrung Marias, den Jubel ihres Herzens. In ihnen leuchtet ein Strahl des Geheimnisses Gottes auf, der Glanz seiner unsagbaren Heiligkeit, *seine ewige Liebe, die als ein unwiderrufliches Geschenk in die Geschichte des Menschen eintritt*« (Redemptoris mater, 36).

6. Die Liebe Marias zu den Armen (Lk. 1,50-55).

Er erbarmt sich von Geschlecht zu Geschlecht über alle, die ihn fürchten. Er vollbringt mit seinem Arm machtvolle Taten: Er zerstreut, die im Herzen voll Hochmut sind; er stürzt die Mächtigen vom Thron und erhöht die Niedrigen. Die Hungernden beschenkt er mit seinen Gaben und läßt die Reichen leer ausgehen. Er nimmt sich seines Knechtes Israel an und denkt an sein Erbarmen, das er unsern Vätern verheißen hat, Abraham und seinen Nachkommen auf ewig.

»Die Kirche ist sich sehr wohl bewußt, daß sie die Bedeutung, die ›die Armen‹ und ›die Option zugunsten der Armen‹ im Wort des lebendigen Gottes haben, *sorgfältig sicherstellen* muß. Es handelt sich hierbei um Themen und Probleme, die eng verbunden sind mit dem *christlichen Sinn von Freiheit und Befreiung.* ›Ganz von Gott abhängig und durch ihren Glauben ganz auf ihn hingeordnet, ist Maria an der Seite ihres Sohnes *das vollkommenste Bild der Freiheit und der Befreiung* der Menschheit und des Kosmos. Auf Maria muß die Kirche, deren Mutter und Vorbild sie ist, schauen, um den Sinn ihrer eigenen Sendung in vollem Umfang zu verstehen‹« (Redemptoris mater, 37).

13. Die Geburt Jesu

I. Übung: Sitzen und in Stille beten

Wie man sich zum Gebet auf einen Stuhl setzt, wurde schon in Übung 1 beschrieben. Eine andere Möglichkeit des Gebetssitzes ist der sog. *Karmelitersitz*: Setzen Sie sich auf die Fersen, die Fußspitzen sind dicht beieinander und die Fersen etwas auseinander, das gibt Ihnen einen besseren Halt. Die Arme sind ausgestreckt, die Hände liegen mit den Handflächen nach oben auf den Oberschenkeln. Auch Ihre Unterarme ruhen auf den Oberschenkeln. Diese Stellung drückt Sammlung, Hörbereitschaft und Aufmerksamkeit aus.

In dieser Stellung können Sie die beiden folgenden Imaginationsübungen machen:

1. Setzen Sie sich Jesus zu Füßen wie Maria, die Schwester von Marta und Lazarus (vgl. Lk, 10,39). Gehen Sie Ihrem Gehör nach. Lauschen Sie zunächst auf die Geräusche in Ihrer Umgebung, folgen Sie den Geräuschen bis Sie die Stimme des Herrn hören. Was sagt Ihnen Jesus?
2. Ziehen Sie sich in Gedanken an irgendeinen Ort zurück, an dem Sie glücklich waren. Nehmen Sie den Ort in allen Einzelheiten auf: den Ausblick, die Geräusche, die Gerüche, einen Geschmack, eine Berührung. Beobachten Sie, was Sie fühlen. Kehren Sie dann in die Wirklichkeit zurück. Was fühlen Sie? Beobachten Sie den Unterschied.

Hinweis

◊ Sich mittels einer Imaginationsübung zurückzuziehen, gibt einem Kraft, sich der Wirklichkeit zu stellen, und intensiviert auch deren Wahrnehmung.

II. Biblische Betrachtung: *Die Geburt Jesu*

1. Die Geburt Jesu (Lk. 2,1-20).

Friedlich und behutsam beginnen wir die Betrachtung der Geburt Jesu in Betlehem. *Als sie dort waren, kam für Maria die Zeit ihrer Niederkunft, und sie gebar ihren Sohn, den Erstgeborenen. Sie wickelte ihn in Windeln und legte ihn in eine Krippe, weil in der Herberge kein Platz für sie war.*

»Ich werde die Personen sehen: die Muttergottes, den Heiligen Josef, das Jesuskind. Ich werde bei ihnen bleiben, sie anschauen, sie betrachten und ihnen in ihren Nöten dienen« (Geistliche Übungen 114).

2. Hören, was die Engel sagen.

Der Engel aber sagte zu ihnen: Fürchtet euch nicht, denn ich verkünde euch eine große Freude, die dem ganzen Volk zuteil werden soll: Heute ist euch in der Stadt Davids der Retter geboren; er ist der Messias, der Herr. Und das soll euch als Zeichen dienen: Ihr werdet ein Kind finden, das, in Windeln gewickelt, in einer Krippe liegt. Und plötzlich war bei dem Engel ein großes himmlisches Heer, das Gott lobte und sprach: Verherrlicht ist Gott in der Höhe, und auf Erden ist Friede bei den Menschen seiner Gnade (Lk. 2,10-14).

3. Hören, was die Hirten sagen.

Kommt, wir gehen nach Bethlehem, um das Ereignis zu sehen, das uns der Herr verkünden ließ (Lk. 2,15).

4. Schauen, was in Betlehem geschieht.

Betrachten Sie, was im Stall von Betlehem geschieht: Maria kümmert sich um das Kind, wickelt es, stillt es. Josef versucht, es Mutter und Kind behaglich zu machen. Es herrscht viel Armut, aber auch viel Liebe und Freude ist da. Maria versucht zu verstehen: *Maria aber bewahrte alles, was geschehen war, in ihrem Herzen und dachte darüber nach* (Lk. 2,19).

5. Die Botschaft weitersagen.

Was wir gesehen und gehört haben, das verkünden wir auch euch, damit auch ihr Gemeinschaft mit uns habt. Wir aber haben Gemeinschaft mit dem Vater und mit seinem Sohn Jesus Christus. Wir schreiben dies, damit unsere Freude vollkommen ist (1 Joh. 1,3.4).

6. Jesus wählt die Armut

Sehen Sie, warum Jesus das Leben in Armut wählt: *Denn ihr wißt, was Jesus Christus, unser Herr, in seiner Liebe getan hat: Er, der reich war, wurde euretwegen arm, um euch durch seine Armut reich zu machen* (2 Kor. 8,9).

Wo Liebe ist …

Ein Derwisch wurde gefragt,
warum er Gott im Tanz anbete.
Er erwiderte:
»Gott anzubeten heißt,
gegenüber seinem Ich zu sterben;
tanzen tötet das eigene Ich.
Wenn das Ich stirbt,
sterben alle Probleme mit ihm.
Wo das eigene Ich nicht ist,
ist Liebe, ist Gott.«

14. Jesus wird im Tempel dargestellt

I. Übung: Stehend beten

1. Eine weiter häufig praktizierte Gebetshaltung ist neben dem Knien oder Sitzen das Stehen. Wir kennen diese Gebetshaltung besonders aus der Liturgie, und auch in der Bibel ist im Zusammenhang mit einer Gottesbegegnung oft vom Stehen die Rede. *Er sagte mir: Stell dich auf deine Füße, Menschensohn; ich will mit dir reden. Als er das zu mir sagte, kam der Geist in mich und stellte mich auf die Füße. Und ich hörte den, der mit mir redete* (Ez. 2,1-2).
2. Stehend zu beten kann vieles ausdrücken: Es kann ein Zeichen unserer Aufmerksamkeit, unserer Verfügbarkeit und Bereitschaft zum Aufbruch sein. Das Stehen ist eine dynamische Haltung, der Auftakt zu einer anderen, so wie bei einem Soldaten, der einen Befehl entgegennimmt, oder bei einem Sportler, der einen Wettkampf beginnt. Stehen bedeutet auch Respekt. Deswegen nehmen wir diese Stellung vor jemandem ein, der Autorität repräsentiert. Stehen kann auch Aufnahme und Willkommen bedeuten, so zum Beispiel, wenn wir aufstehen, um einen ankommenden Freund zu umarmen.
3. Stehend können Sie also Ihre Bereitschaft für Gott, Ihre Achtung und Ihre Freude über sein Kommen zum Ausdruck bringen.
4. Zu einer stehenden Gebetshaltung stellen Sie beide Füße im Abstand von etwa 5 Zentimetern nebeneinander, so daß Sie einen festen Stand haben. Lassen Sie Ihre Arme locker an den Seiten Ihres Körpers herunterhängen, auch die Schultern bleiben entspannt. Drücken Sie nun Ihre Knie ganz durch und entspannen Sie sie sofort wieder, so daß Sie leicht federnd – ähnlich wie ein Skiläufer bei einer Abfahrt – auf Ihren Beinen zum Ste-

hen kommen. Konzentrieren Sie sich dann auf Ihren Atem, folgen Sie ihm, wie vorher schon beschrieben, wobei Sie sich vorstellen, in einen kleinen Raum etwa 5 cm unterhalb Ihres Bauchnabels hineinzuatmen. Verharren Sie eine Weile so, bis Sie spüren, daß Sie einen festen Stand haben. Dann können Sie einfach Ihrem Atem weiter folgen oder auch mit jeder anderen Übung beginnen.

Hinweis

◊ Jede Gebetshaltung dient allein dem Ziel der Betrachtung, welche dem Wunsch entspringt, mit dem Herrn wirklich vertraut zu werden. Die Betrachtung bringt uns dazu, die tiefen Gefühle und die Liebe zu Christus in uns anzunehmen.

II. Biblische Betrachtung: *Jesus wird im Tempel dargestellt*

1. Erster Teil: Jesus wird vorgestellt (Lk. 2,23).

Betrachten Sie Maria und Josef im Tempel, inmitten der Gläubigen, wie sie ihren Sohn Gott weihen, gemäß dem Gesetz des Herrn, in dem es heißt: *Jede männliche Erstgeburt soll dem Herrn geweiht sein* (Lk. 2,23).

Betrachten Sie die Opfergabe der Mutter bei der vorgeschriebenen Reinigung die Gabe einer armen Familie ist: *Ein paar Turteltauben oder zwei junge Tauben* (Lk. 2,24).

Denken Sie über das Menschsein Jesu nach; er besaß keine Privilegien: *Ist das nicht der Sohn des Zimmermanns* (Mt. 13,55)?

2. Zweiter Teil: Der greise Simeon (Lk. 2,22-35).

Bedenken Sie die Beschreibung, die der Evangelist von ihm gibt:

– *er war gerecht und fromm;*
– *er wartete auf die Rettung Israels;*
– *der Heilige Geist ruhte auf ihm;*
– *vom Heiligen Geist war ihm offenbart worden, er werde den Tod nicht schauen, ehe er den Messias des Herrn geschaut habe;*
– *er wurde vom Geist in den Tempel geführt;*
– *Simeon nahm das Kind in seine Arme und pries Gott mit den Worten: Nun läßt du, Herr, deinen Knecht, wie du gesagt hast, in Frieden scheiden. Denn meine Augen haben das Heil gesehen, das du vor allen Völkern bereitet hast, ein Licht, das die Heiden erleuchtet, und Herrlichkeit für dein Volk Israel.*

Simeon sieht voraus, daß sich Maria in einem langen und schmerzlichen Prozeß von ihrem Sohn wird trennen müssen. *Dieser ist dazu bestimmt, daß in Israel viele durch ihn zu Fall kommen und viele aufgerichtet werden, und er wird ein Zeichen sein, dem widersprochen wird. Dir aber selbst wird ein Schwert durch die Seele dringen.*

3. Dritter Teil: Die Voraussage der Hanna (Lk. 2,36-38).

Bedenken Sie die Beschreibung, die der Evangelist von Hanna gibt:

– *sie hielt sich ständig im Tempel auf;*
– *sie diente Gott Tag und Nacht;*
– *sie fastete und betete;*
– *sie trat hinzu und pries Gott;*
– *sie sprach über das Kind zu allen, die auf die Erlösung Jerusalems warteten.*

15. Der zwölfjährige Jesus im Tempel

I. Übung: Die wichtigste Erfahrung

Machen Sie, um in die Stille einzutreten, eine Imaginationsübung, wie Sie sie schon in Übung 7 kennengelernt haben:
1. Ziehen Sie sich in Gedanken an einen Ort zurück, an dem Sie Gottes Gegenwart schon intensiv erfahren haben. Rufen Sie sich diesen Ort so lebendig wie möglich ins Gedächtnis.
2. Versuchen Sie, in derselben Umgebung dieselbe Erfahrung noch einmal zu erleben. Vertiefen Sie sich ganz in den Ort und die Umstände, die zu Ihrer Erfahrung führten: ein Augenblick großer Freude, etwa bei der Geburt eines Kindes oder ein Augenblick tiefer Trauer, etwa beim Tod eines Familienangehörigen, und andere Momente. Empfinden Sie Ihre damaligen Wahrnehmungen nach.
3. Kehren Sie dann zum gegenwärtigen Augenblick zurück: Vergleichen Sie das Erlebte der Vergangenheit mit dem jetzigen Augenblick. Beenden Sie schließlich die Übung.

Hinweise

◊ Tiefe Erfahrungen im Leben sind geeignet, das Gebet vorzubereiten und es zu bereichern, wenn wir uns die Zeit nehmen, zu ihnen zurückzukehren und sie in Ruhe noch einmal zu erleben.
◊ Folgen Sie in schweren Zeiten dem Rat Jesu, den er den ängstlichen Jüngern gab: Kehrt nach Galiläa zurück! Kehren Sie zu den frohen Tagen zurück, die Sie mit dem Herrn erlebt haben.
◊ Eine goldene Regel des heiligen Ignatius von Loyola für das geistliche Leben lautet: »Keine Veränderungen in Zeiten der Betrübnis«. Wandeln Sie also Ihre Gebetspraxis nicht ab, wenn Sie sich einmal leer oder lau oder traurig fühlen sollten. Bleiben Sie gerade in diesen Situationen beständig!

II. Biblische Betrachtung:
Jesus im Tempel

1. Jesus im Hause des Vaters (Lk. 2,41-42).

Die Eltern Jesu gingen jedes Jahr zum Paschafest nach Jerusalem. Als er zwölf Jahre alt geworden war, zogen sie wieder hinauf, wie es dem Festbrauch entsprach.

2. Psalm 122, der gesungen wurde, wenn man nach Jerusalem hinaufzog:

Ich freute mich, als man mir sagte: »Zum Haus des Herrn wollen wir pilgern.« Schon stehen wir in deinen Toren, Jerusalem, du starke Stadt, dicht gebaut und fest gefügt. Dorthin ziehen die Stämme hinauf, die Stämme des Herrn, wie es Israel geboten ist, den Namen des Herrn zu preisen. Denn dort stehen Throne bereit für das Gericht, die Throne des Hauses David. Erbittet für Jerusalem Frieden! Wer dich liebt, sei in dir geborgen. Friede wohne in deinen Mauern, in deinen Häusern Geborgenheit. Wegen meiner Brüder und Freunde will ich sagen: In dir sei Friede. Wegen des Hauses des Herrn, unseres Gottes, will ich dir Glück erflehen.

3. Jesus sitzt im Tempel zwischen den Schriftgelehrten, hört Ihnen zu und stellt Fragen (Lk. 2,47).

Alle, die ihn hörten, waren erstaunt über sein Verständnis und über seine Antworten.

4. Jesus bleibt im Tempel (Lk. 43-45).

Nachdem die Festtage zu Ende waren, machten sie sich auf den Heimweg. Der junge Jesus aber blieb in Jerusalem, ohne daß seine Eltern es merkten. Sie meinten, er sei irgendwo in der Pilgergruppe, und reisten eine Tagesstrecke weit; dann suchten sie ihn bei den Verwandten und Bekannten. Als sie ihn nicht fanden, kehrten sie nach Jerusalem zurück und suchten ihn dort.

5. Jesu Wortwechsel mit seinen Eltern (Lk. 2,48-49).

Als seine Eltern ihn sahen, waren sie sehr betroffen, und seine Mutter sagte zu ihm: Kind, wie konntest du uns das antun? Dein Vater und ich haben dich voll Angst gesucht. Da sagte er zu ihnen: Warum habt ihr mich gesucht? Wußtet ihr nicht, daß ich in dem sein muß, was meinem Vater gehört?

6. Jesus wächst heran (Lk. 2,52).

Jesus aber wuchs heran, und seine Weisheit nahm zu, und er fand Gefallen bei Gott und den Menschen.

Das Entlein

Dies ist die Geschichte, die der heilige Sufi,
genannt Shams-e Tabizi, von sich selbst erzählt:

Von klein auf hielt man mich für mystisch.
Niemand schien mich zu verstehen.
Mein Vater pflegte zu sagen:
»Du bist nicht verrückt genug,
als daß man dich in ein Heim stecken könnte,
noch kannst du dich genug konzentrieren,
als daß man dich in ein Kloster geben könnte.
Ich weiß nicht, was ich mit dir machen soll!«
Ich antwortete darauf:
»Bestimmt hat man einem Huhn
ein Entenei untergeschoben.
Es schlüpfte ein Entlein aus, das der Mutter überallhin folgte,
bis es das Huhn eines Tages mit zu einem Teich nahm.
Das Entlein wackelte schnurstracks ins Wasser,
während seine Hühnermutter am Ufer blieb
und ängstlich gackerte.
Tja, mein lieber Vater, ich bin ins Meer gegangen
und kann nichts dafür,
wenn du lieber am Strand bleibst!«

16. Das erste Wunder Jesu

I. Übung: Phantasievoller Glaube

Beginnen Sie diese Gebetszeit mit einer der oben schon dargestellten Stilleübungen (Nr. 1-9) oder mit folgender Imaginationsübung, wobei Sie dem Grundschema aus Nr. 7 folgen:

1. Stellen Sie sich Christus im Sitzen vor (betrachten Sie einen leeren Stuhl und stellen Sie sich vor, daß der Herr dort sitzt). Versuchen Sie dann, mit Jesus zu sprechen. Sprechen Sie mit leiser Stimme. Sprechen unterstützt eine klarere Artikulation der Gedanken. Sagen Sie Jesus z.B., was sich mit Ihnen in der letzten Zeit bei Ihrem täglichen »Treffen« mit ihm im Gebet ereignet.
2. Hören Sie, was Jesus Ihnen zu sagen hat. Er spricht mitten in Ihrem Herzen. Wenn Sie nichts mehr hören, beenden Sie die Übung.

Hinweise

◊ »Das Gebet ist ein Zwiegespräch mit jemandem, von dem wir wissen, daß er uns liebt« (hl. Theresa von Avila).

◊ Die Methode, die die hl. Theresa empfahl, um tagsüber ohne Unterlaß zu beten, ist diese: »Behalte Christus an deiner Seite«. Dies ist der sicherste Weg, um die Gegenwart Christi in seinem Leben zu erfahren.

◊ Wenn Sie die tägliche Betrachtung mit Überzeugung und Begeisterung durchführen, werden Sie das Bedürfnis spüren, sich einem geistlichen Begleiter gegenüber zu öffnen, der Ihnen auf Ihrem Weg zur Seite steht.

II. Biblische Betrachtung:
Das erste Zeichen Jesu

1. Hochzeitsfeier in Kana (Joh. 2,1-12).
Versetzen Sie sich in diese Szene: *Am dritten Tag fand in Kana in Galiläa eine Hochzeit statt, und die Mutter Jesu war dabei. Auch Jesus und seine Jünger waren zur Hochzeit eingeladen* (Joh. 2,1-2).

2. Sie haben keinen Wein mehr (Joh. 2,3).
Als der Wein ausging, sagte die Mutter Jesu zu ihm: Sie haben keinen Wein mehr.

3. Was er euch sagt
Maria kennt das Herz ihres Sohnes: was auch immer die Bedeutung dieser Worte Jesu gewesen sein mag: *Was willst du von mir, Frau? Meine Stunde ist noch nicht gekommen* (Joh. 2,4), in diesem Moment wird ganz deutlich, daß Maria grenzenlosen Glauben in die Macht ihres Sohnes hat, und daß sie besser als jeder andere Mensch das gütige Herz Jesu kennt. Ohne zu zögern, weist sie die Diener an: *Was er euch sagt, das tut!* (Joh. 2,5).

4. Das Wunder
Und das Wunder geschah auf Bitten Marias: Und so verwandelte sich ohne großes Aufhebens das Wasser in den besten Wein, besser als der, den sie bisher getrunken hatten: *Es standen dort sechs steinerne Wasserkrüge, wie es der Reinigungsvorschrift der Juden entsprach; jeder faßte ungefähr hundert Liter. Jesus sagte zu den Dienern: Füllt die Krüge mit Wasser! Und sie füllten sie bis zum Rand. Er sagte zu ihnen: Schöpft jetzt, und bringt es dem, der für das Festmahl verantwortlich ist. Sie brachten es ihm. Er kostete das Wasser, das zu Wein geworden war. Er wußte nicht, woher der Wein kam; die Diener aber, die das Wasser geschöpft hatten, wußten es. Da ließ er den Bräutigam rufen und sagte zu ihm: Jeder*

setzt zuerst den guten Wein vor und erst, wenn die Gäste zuviel getrunken haben, den weniger guten. Du jedoch hast den guten Wein bis jetzt zurückgehalten (Joh. 2,6-10).

Der Stern

Ich betrachte das Hochzeitsmahl zu Kana,
und gehe auch auf das Fest.
Ich sehe, daß auch Maria da ist.
Ich sehe ihre Freude …
und höre die Bitte, die sie an Jesus richtet …
Ich sehe, wie Jesus auf die Bitte Marias reagiert.
Ich suche Worte, um Maria zu lobpreisen,
und es kommt mir in den Sinn:
»Mutter allen Erbarmens, allen Lebens und der Milde,
unsere Hoffnung«.

17. Jesus und die Samariterin

I. Übung: Symbol

1. Machen Sie eine Entspannungs- oder Stilleübung, wie zum Beispiel in Übung Nr. 1 beschrieben.
2. Schließem Sie an diese Übung die folgende Imaginationsübung an:
3. Stellen Sie sich vor, Sie seien eine Statue in einem Museum. Stellen Sie sich vor, daß diese Statue enthüllt, was Sie in Wirklichkeit sind. Wie müßte sie dann sein?
4. Stellen Sie sich vor, daß sie in einem dunklen Raum steht, in den nach und nach das Licht fällt, so daß die Figur allmählich in ihren Umrissen und in ihrer Gestalt sichtbar wird. Wie sieht die Statue aus? Wie sehen Sie sich?
5. Stellen Sie sich vor, daß Christus unsere eigene Statue betrachtet. Was denkt er? Was würde er verändern?
6. Wenn Sie spüren, daß Christus sie liebevoll ansieht, beenden Sie die Übung.

Hinweis

◊ Wenn Sie allein sind, können Sie bei dieser Übung auch ein Zwiegespräch mit Jesus halten.

II. Biblische Betrachtung: *Jesus und die Samariterin*

1. Jesus begegnet der Samariterin (Joh. 4,1-14).

Stellen Sie sich vor, Sie seien bei dieser Begegnung anwesend, und beobachten Sie, wie das Gespräch die Samariterin nach und nach verändert:

- Mißtrauisch: *Wie kannst du als Jude mich, eine Samariterin, um Wasser bitten?* (9).
- Materialistisch: *Herr, du hast kein Schöpfgefäß, und der Brunnen ist tief; woher hast du also das lebendige Wasser?* (11).
- Agressiv: *Bist du etwa größer als unser Vater Jakob, der uns den Brunnen gegeben und selbst daraus getrunken hat, wie seine Söhne und seine Herden?* (12).
- Egoistisch: *Herr, gib mir dieses Wasser, damit ich keinen Durst mehr habe und nicht mehr hierher kommen muß, um Wasser zu schöpfen* (15).
- Frau von fünf Männern, aber ehrlich: *Ich habe keinen Mann.* (17).
- Religiös beunruhigt: *Unsere Väter haben auf diesem Berg Gott angebetet; ihr aber sagt, in Jerusalem sei die Stätte, wo man anbeten muß* (20).
- Sie merkt, daß ein Prophet vor ihr steht: *Herr, ich sehe, daß du ein Prophet bist* (19). *Er hat mir alles gesagt, was ich getan habe* (39).
- Sie glaubt an Jesus und wird zur Missionarin: *Viele Samariter aus jenem Ort kamen zum Glauben an Jesus auf das Wort der Frau hin* (39).
- Die Bezeichnungen, die nacheinander verwendet werden: Jude (9), Herr (11), größer als Jakob (12), Prophet (19), Messias (26 und 29), Retter der Welt (42) zeigen, daß die Samariterin nach und nach Jesus erkennt.

2. Jesu Pädagogik

- Er stellt sich mit menschlichen Schwächen dar: *Müde von der Reise* (6).
- Er bittet die Samariterin um Wasser: *Gib mir zu trinken*! (7).
- In einfachen Worten führt er sie in das Geheimnis des *lebendigen Wassers* ein (10).
- Er geht von der Wirklichkeit des Lebens der Samariterin aus:

Geh, ruf deinen Mann und komm wieder her! (16).

- Er hält zu der Samariterin: *Du hast richtig gesagt: ich habe keinen Mann. Denn fünf Männer hast du gehabt, und der, den du jetzt hast, ist nicht dein Mann. Damit hast du die Wahrheit gesagt* (17 und 18).
- Er spricht das Religionsproblem an, indem er auf die Äußerung der Samariterin eingeht: *Glaube mir, Frau, die Stunde kommt, zu der ihr weder auf diesem Berg noch in Jerusalem den Vater anbeten werdet. Ihr betet an, was ihr nicht kennt, wir beten an, was wir kennen; denn das Heil kommt von den Juden. Aber die Stunde kommt, und sie ist schon da, zu der die wahren Beter den Vater anbeten werden im Geist und in der Wahrheit; denn so will der Vater angebetet werden* (21 bis 23).
- Er stellt sich als der Messias vor: *Ich bin es, ich, der mit dir spricht* (26).
- Christus macht die Samariterin zur Missionarin: *Viele Samariter aus jenem Ort kamen zum Glauben an Jesus auf das Wort der Frau hin* (39).

3. Der stehengelassene Wasserkrug.

Die Samariterin war von Jesus fasziniert und vergaß darüber alles andere: *Da ließ die Frau ihren Wasserkrug stehen, eilte in den Ort und sagte zu den Leuten: Kommt her, seht, da ist ein Mann, der mir alles gesagt hat, was ich getan habe: Ist er vielleicht der Messias?* (28 und 29).

Die Quelle

Irgendwo in der Wüste, bei einem Brunnen,
bat Jesus eines Tages eine Frau um etwas Wasser,
aber jene Sünderin war schnippisch und behandelte ihn,
als sei er irgendein Jude.
Und er sprach:
»Wenn du wüßtest, welche Gabe ich bin, Frau,
würdest du mich um Wasser bitten,
und ich würde dir nicht irgendein Wasser geben,
sondern das Wasser, das den Durst in uns
für immer löscht …«
Und die Worte des Lebens wurden von
der Sünderin aufgenommen wie Wasser
von der ausgedörrten Erde,
das die Sünden in ihrem Inneren geschaffen hatten …
Schließlich ließ sie den Krug und die Sünden
am Brunnen stehen,
lief in den Ort und rief voll Freude:
»Kommt, Freunde,
ich habe eine Quelle der Liebe gefunden!«

18. Die Berufung der Zwölf

I. Übung: Versöhnung mit den Erinnerungen

Sie können diese Gebetszeit wiederum mit einer Imaginationsübung nach dem Modell aus Übung Nr. 7 beginnen:

1. Kehren Sie in Gedanken zu einer besonderen Gotteserfahrung zurück: erinnern Sie sich an einen ganz besonderen Ruf oder Apell in Ihrer Vergangenheit.
2. Versuchen Sie sich neu zu vergegenwärtigen, wie Sie auf diesen Ruf Gottes geantwortet haben.
3. Lassen Sie dieses Erlebnis so gut wie möglich in Ihnen wieder lebendig werden. Wie war Ihre Antwort auf Gottes Ruf? Fühlen Sie sich heute wohl mit der Antwort, die Sie gegeben haben, oder fühlen Sie sich unwohl mit ihr? Erspüren Sie, ob Sie zufrieden mit der Antwort sind oder nicht, aber machen Sie sich keine Vorwürfe oder rechtfertigen Sie sich nicht, loben Sie sich auch nicht. Empfinden Sie nur und vertrauen Sie darauf, daß Christus weiß, was unsere Herzen bewegt.
4. Wenn Sie den Eindruck haben, sich Ihre Reaktion von damals ganz vergegenwärtigt zu haben, beenden Sie die Übung.

Hinweise

◊ Der heilige Ignatius mißt dem »Verspüren« eine große Bedeutung bei: »Denn nicht das Vielwissen sättigt und befriedigt die Seele, sondern das Verspüren und Verkosten der Dinge von innen her« (Geistliche Übungen 2).

◊ Das Gefühl, auf das sich Ignatius in den Übungen bezieht, ist eine Wirkung des Heiligen Geistes, der uns eine geistliche Wahrnehmung der Dinge Gottes erlaubt; ebenso wie Erkenntnis und Liebe. Er erfüllt die Seele und ermöglicht uns zu glauben.

II. Biblische Betrachtung: *Die Berufung der Zwölf*

1. Jesus erwählt zwölf Apostel (Mk. 3,13-14).

Jesus stieg auf einen Berg und rief die zu sich, die er erwählt hatte, und sie kamen zu ihm. Und er setzte zwölf ein, die er bei sich haben und die er dann aussenden wollte, damit sie predigten (13 und 14).

2. Die Bedingungen, die Jesus den zwölf Aposteln stellt.

- *sie ließen alles zurück und folgten ihm nach* (Lk. 5,11).
- *Die Füchse haben ihre Höhlen und die Vögel ihre Nester; der Menschensohn aber hat keinen Ort, wo er sein Haupt hinlegen kann* (Mt. 8,20).
- *Wenn jemand zu mir kommt und nicht Vater und Mutter, Frau und Kinder, Brüder und Schwestern, ja sogar sein Leben gering achtet, dann kann er nicht mein Jünger sein* (Lk.14,26).

3. Jesus belohnt den, der ihm nachfolgt.

Das Reich: *Darum vermache ich euch das Reich* (Lk. 22,29).

Hundertfacher Lohn und das ewige Leben: *Und jeder, der um meines Namens willen Häuser oder Brüder, Schwestern, Vater, Mutter, Kinder oder Äcker verlassen hat, wird dafür das Hundertfache erhalten und das ewige Leben gewinnen* (Mt. 19,29).

Die Freundschaft Christi: *Ich nenne euch nicht mehr Knechte; denn der Knecht weiß nicht, was sein Herr tut. Vielmehr habe ich euch Freunde genannt; denn ich habe euch alles mitgeteilt, was ich von meinem Vater gehört habe* (Joh. 15,15).

Ich werde einen Platz für euch vorbereiten (Joh. 14,3).

Und ich werde den Vater bitten, und er wird euch einen anderen Beistand geben, der für immer bei euch bleiben soll (Joh. 14,16).

4. Jesus bewertet die Arbeit der Jünger.

- *Ihr seid das Salz der Erde. Ihr seid das Licht der Welt* (Mt. 5,13.14).
- *Eure Namen sind im Himmel verzeichnet* (Lk. 10,20).
- *Ich preise dich, Vater, Herr des Himmels und der Erde, weil du all das den Weisen und Klugen verborgen, den Unmündigen aber offenbart hast* (Lk. 10,21).

5. Die Antwort der Jünger.

- *Sofort ließen sie ihre Netze liegen und folgten ihm* (Mt. 4,20).
- *Und sogleich verließen sie das Boot und ihren Vater und folgten Jesus* (Mt. 4,22).

6. Jesus gab seinen Jüngern Freude .

Sie aber gingen weg vom Hohen Rat, und freuten sich, daß sie gewürdigt worden waren, für seinen Namen Schmach zu erleiden (Apg. 5,41).

Dort drinnen

Der Schüler bat seinen Meister
um ein Wort der Weisheit.
Der Meister antwortete:
»Setz dich in deine Zelle, und sie allein
wird dich die Weisheit lehren«.
»Ich habe keine Zelle, ich bin kein Mönch,
sagte derSchüler.«
»Natürlich hast du eine Zelle:
Du mußt nur richtig in dich selbst schauen!«

19. Die zwei Banner

I. Übung: Der Wert des Lebens

Wählen Sie nach Belieben eine der Übungen aus Nr. 1 bis 10, um sich zu entspannen und ruhig zu werden. Gehen Sie dann weiter in die folgende Übung hinein:

1. Stellen Sie sich vor, daß Ihr Arzt Ihnen bei einem Besuch sagt, Ihnen blieben nur noch zwei Monate zu leben. Wie reagieren Sie darauf? Wem teilen Sie diese Nachricht mit? Würden Sie in eine Kirche gehen? Wollen Sie alleinsein, um mit Gott zu reden?
2. In unzähligen Berichten erzählen Entführte, Gefangene und Menschen, die sich in Lebensgefahr befanden, daß sie unter diesen Umständen lernten, höheren Werten Bedeutung beizumessen, und dementsprechend ihren Lebensstil und ihre Wahrnehmung änderten.
3. Bedenken Sie: Die besten Dinge des Lebens bekommen wir geschenkt. Wir lernen sie erst zu schätzen, wenn wir Gefahr laufen, sie zu verlieren. Ein solches Geschenk ist das Leben schlechthin.
4. Erspüren Sie, wie Sie leben möchten, wenn Sie wüßten, daß Ihnen nicht mehr allzuviel Zeit bleibt. Scheiden Sie die wichtigen von den unwichtigen Dingen.
5. Formulieren Sie eine Änderung, die Ihnen unter der beschriebenen Vorstellung am dringlichsten erscheint. Nehmen Sie sie mit, wenn Sie nun die Übung verlassen.

Hinweise

◊ Jeder lebt in einem »Milieu«, das von zwei Wirklichkeiten bestimmt ist: dem Sich-Öffnen oder Sich-Verschließen (wenn auch nicht total und endgültig) gegenüber dem göttlichen

Angebot des Heils. Jeder steht unter diesen beiden »Bannern«, die der hl. Ignatius auch mit zwei Heerlagern vergleicht.

◊ Diese Übung ist wichtig, denn sie befähigt uns, jetzt die Wahl zu treffen, die wir gerne in der Stunde unserer entscheidenden Begegnung mit Gott getroffen hätten.

II. Biblische Betrachtung: *Die zwei Banner*

1. Das zweifache Gesetz.

In uns herrscht ein zweifaches Gesetz: das Gesetz des Fleisches und das Gesetz des Geistes. *Ich stoße also auf das Gesetz, daß in mir das Böse vorhanden ist, obwohl ich das Gute tun will* (Röm. 7,21). *Ich sehe aber ein anderes Gesetz in meinen Gliedern, das mit dem Gesetz meiner Vernunft im Streit liegt und mich gefangenhält im Gesetz der Sünde, von dem meine Glieder beherrscht werden* (Röm. 7,23). *Denn das Gesetz des Geistes und des Lebens in Christus Jesus hat dich frei gemacht vom Gesetz der Sünde und des Todes* (Röm. 8,2).

2. Die Ziele des Feindes sind denen Christi entgegengesetzt.

Das Trachten des Fleisches führt zum Tod, das Trachten des Geistes aber zu Leben und Frieden (Röm. 8,6).

Da nun die Kinder Menschen von Fleisch und Blut sind, hat auch er in gleicher Weise Fleisch und Blut angenommen, der die Gewalt über den Tod hat, nämlich den Teufel (Heb. 2,14).

Liebt nicht die Welt und was in der Welt ist! Wer die Welt liebt, hat die Liebe zum Vater nicht. Denn alles, was in der Welt ist, die Begierde des Fleisches, die Begierde der Augen und das Prahlen mit dem Besitz, ist nicht vom Vater, sondern von der Welt (1 Joh. 2,15-16).

3. Auch die Werte Jesu sind von denen des Feindes verschieden (Mt. 4,1-11).

Gefräßigkeit: *Wenn du der Sohn Gottes bist, so befiehl, daß aus diesen Steinen Brot wird;*
Prahlerei: *Wenn du der Sohn Gottes bist, so stürz dich hinab;*
Habgier: *Dies alles will ich dir geben, wenn du dich vor mir niederwirfst und mich anbetest.*

Die Werte Jesu sind andere (Phil. 2,5-8): *Seid untereinander so gesinnt, wie es dem Leben Christi entspricht: Er war Gott gleich, hielt aber nicht daran fest, wie Gott zu sein, sondern er entäußerte sich und wurde wie ein Sklave und den Menschen gleich. Sein Leben war das eines Menschen; er erniedrigte sich und war gehorsam bis zum Tod, bis zum Tod am Kreuz.*

Nicht genug

Jemand fragte den Meister,
warum er der Religion gegenüber so argwöhnisch sei.
»Ist denn Religion nicht das Erhabenste,
was die Menschen besitzen?«
Die Antwort des Meisters war schleierhaft:
»Das Beste und das Schlechteste –
das ist es, was dir die Religion gibt.«
»Warum das Schlechteste?«
»Weil die Leute meistens gerade genug
Religion annehmen, um zu hassen,
aber nicht genug, um zu lieben.«

20. Drei Menschengruppen

I. Übung: Der Film meines Lebens

Beginnen Sie diese »Begegnung mit Gott« mit einer Entspannungsübung, wie zum Beispiel in Übung Nr. 5 beschrieben. Dann versuchen Sie das folgende:

1. Lassen Sie vor Ihrem geistigen Auge den Film Ihres Lebens ablaufen – beginnen Sie mit dem Jetzt und gehen Sie bis zu den ersten Jahren Ihres Lebens zurück, derer Sie sich noch bewußt sind.
2. Versuchen Sie, sich nocheinmal die bedeutendsten Momente Ihres Lebens zu vergegenwärtigen.
3. Versuchen Sie, die besonderen Momente der Gnade in Ihrem Leben auszumachen.
4. Denken Sie an die Schwierigkeiten, die Sie in Ihrem Leben schon überwunden haben.
5. Versuchen Sie zu erkennen, wie Gott an den Zeiten des Glücks und des Leids und der Probleme in Ihrem Leben teilhatte.
6. Wenn Sie das Gefühl haben, daß die Zeit gekommen ist, beenden Sie die Übung.

Hinweise

◊ Gott liebt uns jetzt wie wir sind. Sehen Sie Ihren Lebensfilm und akzeptieren Sie Ihre Vergangenheit mit all ihren Licht- und Schattenseiten.

◊ Die Vergangenheit lehrt uns, die Zukunft gemäß dem Willen Jesu zu leben, der uns liebt. Die immer gültige Erfahrung unserer Vergangenheit ist, daß Gott gut zu uns ist.

◊ Die »Meditation« über das Verhalten der drei Menschengruppen in Bezug auf das Evangelium hilft zu verstehen, ob unsere Wünsche im Einklang mit den Wünschen des Geistes stehen, und ob auch sie wirksam sind.

II. Biblische Betrachtung: *Drei Menschengruppen*

1. Die drei Menschenggruppen.

Der hl. Ignatius stellt uns drei Menschentypen vor: »Das sind drei Menschengruppen, von denen jede zehntausend Dukaten erworben hat, aber nicht rein und vorschriftsmäßig aus Liebe zu Gott; und alle wollten sich retten und den Frieden in Gott unserem Herrn suchen« (Geistliche Übungen 150). Die Unterschiedlichkeit der Menschen liegt in ihrer Weise, ihr Heil zu suchen.

2. Die erste Gruppe von Menschen.

Die erste Gruppe von Menschen weiß, daß sie von der Anhänglichkeit an die irdischen Güter ablassen muß, tut es aber nicht. Der junge Reiche aus Mt. 19,16-26 ist ein Prototyp dieser Gruppe. Christus gibt ihm das Beispiel der Vollkommenheit, nach dem jener gefragt hatte: *Wenn du vollkommen sein willst, geh, verkauf deinen Besitz und gib das Geld den Armen; so wirst du einen bleibenden Schatz im Himmel haben; dann komm und folge mir nach. Als der junge Mann das hörte, ging er traurig weg; denn er hatte großes Vermögen* (21.22).

3. Die zweite Gruppe von Menschen.

Diese Menschengruppe möchte die Anhänglichkeit an die irdischen Güter aufgeben, aber so, daß sie im Besitz der Güter bleibt. Gott soll dorthin kommen, wohin der Mensch selbst will. Die Söhne des Zebedäus möchten Jesus folgen, stellen aber Bedingungen. *Sie sagten zu ihm: Laß uns in deinem Reich einen von uns rechts und den andern links von dir sitzen* (Mk. 10,37).

4. Die dritte Gruppe von Menschen.

Diese Gruppe möchte tatsächlich von der Anhänglichkeit an die irdischen Güter lassen. Diese Haltung ist die Einstellung der

Jünger von Anfang an: sie lassen alles zurück. Es ist die Einstellung Marias: *Ich bin die Magd des Herrn; mir geschehe wie du gesagt hast* (Lk. 1,38).

Ich war mir sicher, daß du kommen würdest

»Mein Kamerad ist vom Schlachtfeld nicht zurückgekehrt.
Ich bitte um Erlaubnis, ihn holen zu dürfen«.
»Erlaubnis abgelehnt«, sagte der Kompaniechef,
»ich möchte nicht,
daß Sie das Leben für jemanden aufs Spiel setzen,
der wahrscheinlich schon tot ist«.
Trotzdem ging der Soldat auf die Suche
und kehrte eine Stunde später tödlich verwundet zurück,
auf den Schultern den toten Freund.
Der Befehlsgebende raste vor Wut:
»Ich habe Ihnen doch gesagt, daß er tot ist.
Jetzt habe ich Sie beide verloren.
Sagen Sie selber,
hat es sich nun gelohnt, den Toten herzuschleppen?«
Der Sterbende antwortete:
»Oh ja. Als ich zu ihm kam, lebte er noch und sagte mir:
›Jack, ich war mir sicher, daß du kommen würdest‹ «.

21. Jesus auferweckt Lazarus

I. Übung: Die Wirklichkeit

Zur Wirklichkeit unseres Lebens gehört, daß wir sterben müssen und zu Staub werden. Sich dies vor Augen zu halten, kann hilfreich sein, um auf dem geistlichen Weg zu einer besonders unmittelbaren Wahrnehmung unseres Daseins zu kommen. Versuchen Sie darum die folgende Imaginationsübung:

1. Beginnen Sie mit einer der Stille- und Entspannungübungen, die Sie schon kennen.
2. Stellen Sie sich nun den Leib eines Toten vor. Stellen Sie sich vor, Sie betrachten eine Leiche und können den langsamen Verwesungsprozeß des Körpers verfolgen:
   - der Körper wird kalt und steif,
   - dann blau,
   - der Leib beginnt zusammenzufallen,
   - langsam beginnt das Skelett durch das vergehende Fleich hindurch sichtbar zu werden,
   - schließlich verwest der ganze Körper, es bleibt nur noch das Skelett,
   - dann werden auch die Knochen spröde, sie zerfallen,
   - am Ende bleibt Staub.
3. Eines Tages aber wird unser Leib wie Jesus Christus in die Herrlichkeit Gottes auferstehen. Erfahren Sie die Freude und den Wunsch, dieses vergängliche Leben voll und ganz zu leben, um das Ewige Leben zu erlangen.
4. Versuchen Sie zu erspüren, was bei Ihnen im Vollzug dieser Übung wächst: die Trauer über die Vergänglichkeit des Lebens oder die Hoffnung auf die Auferstehung.

Hinweise

◊ Realistisch sein heißt in der Wirklichkeit leben.

◊ Die vollständige Wirklichkeit ist das Leben, das volle Leben, das uns Jesus gebracht hat.

◊ Die volle Wirklichkeit ist nicht der Tod; die vollständige und endgültige Wirklichkeit ist das ewige Leben.

II. Biblische Betrachtung: *Die Auferweckung des Lazarus*

1. Die Auferweckung des Lazarus (Joh. 11,1-54).

Vergegenwärtigen Sie sich die Szene und versetzen Sie sich in sie hinein. Jesus wäre nicht ganz Mensch gewesen, hätte er keine Freunde gehabt. Die Szene der Auferweckung des Lazarus enthüllt mit beeindruckendem Realismus die Tiefe und Beständigkeit der Empfindungen Jesu für den Freund.

2. Die Worte und Gesten Jesu.

Die Worte und Gesten Jesu zeigen die Liebe und Zuneigung zu seinem Freund Lazarus. Sie sind »Zeichen«, daß Jesus ein menschliches Herz hat:

- *Jesus liebte Marta, ihre Schwester und Lazarus* (5);
- *Jesus war im Innersten erregt und erschüttert* (33);
- *da weinte Jesus* (35);
- *die Juden sagten: Seht, wie lieb er ihn hatte* (36);
- *da wurde Jesus wiederum innerlich erregt* (38).

3. Marta.

Wenden Sie sich den Worten Martas zu und betrachten Sie ihr Verhalten:

- *Herr, dein Freund ist krank* (3);
- *als Marta hörte, daß Jesus komme, ging sie ihm entgegen* (20);

- *Herr, wärest du hier gewesen, wäre mein Bruder nicht gestorben* (21);
- *aber auch jetzt weiß ich: Alles, worum du Gott bittest, wird dir Gott geben* (22);
- *Ja, Herr, ich glaube, daß du der Messias bist, der Sohn Gottes, der in die Welt kommen soll* (27).

4. Worte und Verhalten Marias.

- *Herr, dein Freund ist krank* (3);
- *Maria aber blieb im Haus* (20);
- *Der Meister ist da und läßt dich rufen. Als Maria das hörte, stand sie sofort auf und ging zu ihm* (29);
- *Als Maria dorthin kam, wo Jesus war, und ihn sah, fiel sie ihm zu Füßen und sagte zu ihm: Herr, wärst du hier gewesen, wäre mein Bruder nicht gestorben* (32).

Die Disposition

Härtet Leiden einen Menschen nicht ab?«,
fragte ein Schüler den Meister.
»Was zählt, ist nicht das Leiden,
sondern die Disposition des einzelnen,
denn Leiden kann süß oder bitter machen,
genauso wie das Feuer des Töpfers
den Lehm verkohlen
oder hart machen kann.«

22. Der Leidensweg Marias

I. Übung: Sich die Vergangenheit bewußt machen

1. Beginnen Sie mit einer der Stille- und Entspannungsübungen, die Sie schon kennen.
2. Erinnern Sie sich nun an eine Begebenheit in Ihrer Vergangenheit, die für Sie besonders schmerzlich und traurig war. Vergegenwärtigen Sie sich Ihr damaliges Erlebnis in allen Einzelheiten.
3. Inwiefern kommt Jesus in diesem Erlebnis vor? Inwiefern war Christus dort? Bedenken Sie: Jesus war dort. Er ist immer in uns gegenwärtig, in jedem Augenblick, weil er uns liebt! Auf irgendeine Weise erstrebte er Ihr inneres Wachstum auf dem Weg, den Sie gehen, geführt von seinem Geist. Versuchen Sie, sich das bewußt zu machen.
4. Spürten Sie in diesem Augenblick Ihres Lebens auch die Gegenwart Marias? Welche Gefühle und Empfindungen sind für Sie mit ihrem Namen verbunden? Gab Sie Ihnen Trost und Vertrauen darauf, daß auch diese schmerzlichen Augenblicke einmal vorüber sein werden und Ihnen eines Tages die Sonne der Hoffnung wieder scheinen werde?
5. Wenn Sie das Gefühl haben, daß der Zeitpunkt gekommen ist, beenden Sie die Übung.

Hinweise

◊ Aus der Kenntnis der Kindheit Jesu und ihrer Geheimnisse entspringt Bewunderung; die Bewunderung ist die Vorstufe der Liebe, und aus der Liebe entspringt der Wunsch, Jesus in unserem Leben nachzueifern.

◊ Wichtig ist es auch, das Leben Mariens zu betrachten: Sie ist die gültigste menschliche Antwort auf das Wirken, die Botschaft und das Leben Jesu.

II. Biblische Betrachtung: *Maria – Pilgerweg nach Golgotha*

1. Der Pilgerweg Mariens.

Das Konzilsdokument »Lumen gentium« über die Kirche in der Welt von heute sagt, daß »Maria den Pilgerweg des Glaubens ging. Ihre Vereinigung mit dem Sohn hielt sie in Treue bis zum Kreuz, wo sie nicht ohne göttliche Absicht stand, heftig mit ihrem Eingeborenen litt und sich mit seinem Opfer in mütterlichem Geist verband« (58). Wir können sagen, daß Maria mit dem Zeugnis des greisen Simeon über Jesus den ersten Abschnitt dieses Pilgerwegs des Leidens antrat. Simeon sagte ihr voraus: »Dir selbst wird ein Schwert durch die Seele dringen« (Lk. 2,35).

2. Was hat Gott mit mir vor? (Lk. 1,29).

Sie erschrak über die Anrede (des Engels) und überlegte, was dieser Gruß zu bedeuten habe.

3. Die erlaubte Alternative (Mt. 1,19).

Josef, ihr Mann, der gerecht war und sie nicht bloßstellen wollte, beschloß, sich in aller Stille von ihr zu trennen.

4. Jesus hat einen anderen Vater (Lk. 2,49-50).

Warum habt ihr mich gesucht? Wußtet ihr nicht, daß ich in dem sein muß, was meinem Vater gehört? Doch sie verstanden nicht, was er damit sagen wollte.

5. Jesus hat eine andere Familie (Lk. 11,27-28).

Als (Jesus) das sagte, rief eine Frau aus der Menge ihm zu: Selig die Frau, deren Leib dich getragen und deren Brust dich genährt hat. Er aber erwiderte: Selig sind vielmehr die, die das Wort Gottes hören und es befolgen.

6. Maria verliert ihren Sohn, erhält ihn aber zurück als Haupt des großen Leibs der Kirche.

Bei dem Kreuz Jesu standen seine Mutter und die Schwester seiner Mutter, Maria, die Frau des Klopas, und Maria von Magdala. Als Jesus seine Mutter sah und bei ihr den Jünger, den er liebte, sagte er zu seiner Mutter: Frau, siehe, dein Sohn! Dann sagte er zu dem Jünger: Siehe, deine Mutter! Und von jener Stunde an nahm sie der Jünger zu sich (Joh. 19,25-27).

7. Maria, Mutter der Kirche (Apg. 1,12-14).

Dann kehrten sie vom Ölberg, der nur einen Sabbatweg von Jerusalem entfernt ist, nach Jerusalem zurück. Als sie in die Stadt kamen, gingen sie in das Obergemach hinauf, wo sie nun ständig blieben: Petrus und Johannes, Jakobus und Andreas, Philippus und Thomas, Bartholomäus und Matthäus, Jakobus, der Sohn des Alphäus, und Simon, der Zelot, sowie Judas, der Sohn des Jakobus. Sie alle verharrten dort einmütig im Gebet, zusammen mit den Frauen und mit Maria, der Mutter Jesu, und mit seinen Brüdern.

23. Kommunion und Eucharistie

I. Übung: Feinfühlig gegenüber den Menschen

1. Beginnen Sie mit einer der vorausgegangenen Stille- und Entspannungübungen.
2. Stellen Sie sich nun die beiden Jünger auf dem Weg nach Emmaus vor. Vergegenwärtigen Sie sich, wie Sie über all das sprechen, was sich ereignet hatte, und wie sie dabei Jesus begegnen, der sich ihnen anschließt.
3. Christus nahm auf dem Weg nach Emmaus die Gestalt eines Pilgers an, ohne sich zu erkennen zu geben. Stellen Sie sich einmal vor, daß jeder Mensch, dem wir begegnen, Christus auf dem Weg zu uns sein könnte. Bedenken Sie: Es ist an uns, ihn zu erkennen, ihn in jedem Menschen zu lieben.
4. Stellen Sie sich nun vor, welche Menschen Ihnen heute noch begegnen können, und machen Sie sich klar, wie Sie ihnen aufgrund der aus dieser Übung gewonnen Einsichten gegenübertreten wollen.
5. Beenden Sie dann die Übung.

Hinweise

◊ Mit dieser Betrachtung der Eucharistie beginnen wir den dritten Abschnitt geistlicher Übungen, in dem unsere Liebe zu Christus und den Nächsten gestärkt wereden soll.

◊ Diese Betrachtungsfolge führt uns zu einer spontanen Erkenntnis der Liebe Jesu, der für uns leidet und stirbt; eine Erkenntnis, die sich in Dankbarkeit für Jesus und in Liebe zu den Nächsten überträgt, denn Christut stirbt für alle Menschen, und alle haben in seinen Augen die gleiche Würde.

II. Biblische Betrachtung

1. Die Umstände, unter denen das letzte Abendmahl gefeiert wird (Joh. 13,1-17).

Es war vor dem Paschafest. Jesus wußte, daß seine Stunde gekommen war, um aus dieser Welt zum Vater hinüberzugehen. Da er die Seinen, die in der Welt waren, liebte, erwies er ihnen seine Liebe bis zur Vollendung (1).

2. Im Angesicht des Bösen ein Beweis größter Liebe.

Es fand ein Mahl statt, und der Teufel hatte Judas, dem Sohn des Simon Iskariot, schon ins Herz gegeben, ihn zu verraten und auszuliefern. Jesus, der wußte, daß ihm der Vater alles in die Hand gegeben hatte und daß er von Gott gekommen war und zu Gott zurückkehrte, stand vom Mahl auf, legte sein Gewand ab und umgürtete sich mit einem Leinentuch. Dann goß er Wasser in eine Schüssel und begann, den Jüngern die Füße zu waschen und mit dem Leinentuch abzutrocknen, mit dem er umgürtet war (2-5).

3. Das Beispiel der Liebe, die die Kommunion unter den Jüngern selbst und mit Christus begründet.

Als er ihnen die Füße gewaschen, sein Gewand wieder angelegt und Platz genommen hatte, sagte er zu ihnen: Begreift ihr, was ich an euch getan habe? Ihr sagt zu mir Meister und Herr, und ihr nennt mich mit Recht so; denn ich bin es (12-13).

4. Die Eucharistie, die Verbundenheit, Kommunion unter den Jüngern und mit Jesus Christus bedeutet.

Während des Mahls nahm Jesus das Brot und sprach den Lobpreis; dann brach er das Brot, reichte es den Jüngern und sagte: Nehmt und eßt; das ist mein Leib. Dann nahm er den Kelch, sprach das Dankgebet und reichte ihn den Jüngern mit den Worten: Trinkt alle daraus; das ist mein Blut, das Blut des Bundes, das für viele vergossen wird zur Vergebung der Sünden (Mt. 26,26-28).

Ein Brot ist es. Darum sind wir viele ein Leib; denn wir alle haben teil an dem einen Brot (1 Kor. 10,17; siehe auch 1 Kor. 11,17-34).

5. Wer an der Kommunion teilhat, wird Jesus Christus ähnlich, daher wird ein neues Gebot gelten.

Ein neues Gebot gebe ich euch: Liebt einander! Wie ich euch geliebt habe, so sollt auch ihr einander lieben. Daran werden alle erkennen, daß ihr meine Jünger seid: wenn ihr einander liebt (Joh. 13,34-35).

6. Die Wirkung der Kommunion wurde von den ersten Christen empfunden und gelebt.

Die Gemeinde der Gläubigen war ein Herz und eine Seele (Apg. 4,32-35).

Die Gelegenheit

Ein junger Mann beschrieb voller Ungeduld,
was für die Armen zu tun ihm vorschwebte.
Sagte der Meister:
»Wann möchtest du deinen Traum wahrmachen?«
»Sobald die Gelegenheit dafür kommt.«
»Die Gelegenheit kommt nie,« sagte der Meister,
»sie ist da.«

24. Die Gabe der Eucharistie – das Brot des Lebens

I. Übung: Die heilige Hostie

1. Beginnen Sie diese Gebetszeit mit einer der Stille- und Entspannungsübungen, die Sie schon kennen.
2. Dann stellen Sie sich vor: Sie gehen bei Nacht in eine Kirche. Die brennenden Kerzen erleuchten den Raum. Sie richten den Blick auf eine weiße Hostie am Altar, die sich von der sie umgebenden Dunkelheit deutlich abhebt.
3. Die Hostie, die Opfergabe des Brotes, besitzt eine Kraft, die unseren Blick anzieht und unser ganzes Sein erfüllt, als sei sie das Zentrum der Schwerkraft unseres Lebens. Betrachten Sie diese Hostie auch als das Zentrum Ihres Seins und des Universums.
4. Die Stille dieser Hostie dringt in Sie ein und erfüllt die ganze Kirche. Überlassen Sie sich dieser tiefen Stille.
5. Es scheint, als strahle die Hostie wie eine Sonne. Ihre Strahlen durchdringen Sie und reinigen Sie von Egoismus, Stolz, Ehrgeiz, von Gleichgültigkeit, Haß und allen negativen Gefühlen. Es scheint, als sei alles licht geworden, trotz der Dunkelheit des Raumes, auch Sie. Alles wurde hell und klar.
6. Nun strahlt die Hostie Energie aus, die neues Leben und das Feuer neuer Liebe bringt.
7. Betrachten Sie Ihr Herz, das verändert erscheint. Auch Ihr Herz strahlt Liebe aus, die Sie den Mitmenschen zuteil werden lassen können. Bitten Sie Jesus, daß Sie dies verstehen und diese Erfahrung weitergeben, denn so führt er die Menschen dazu, sich als Brüder und Schwestern zu sehen und zu verhalten. Unser Herz werde wie sein Herz. Dann beenden Sie die Übung.

Hinweise

◊ Die Symbolik der Eucharistie reicht weit. Sie ist ein unerschöpflicher Quell geistlicher Wahrheiten. Eucharistie, das heißt vor allem:

- Mahl, Essen, Feier
- Wegzehrung, Stärkung
- Lob und Dank
- Opfer der Reinigung von Sünde und Schuld
- Gnadenhafte Teilhabe am Christusopfer
- Kommunion mit Christus und den Nächsten
- Gedächtnis des Paschafestes des Herrn;
  seines Leidens, seines Todes und seiner Auferstehung
- Befreiung des Gottesvolkes in Jesus Christus.

II. Biblische Betrachtung: *Der neue Bund*

1. Das Opfer: Den Leib geben und das Blut vergießen (Mt. 26,26-28).

Während des Mahls nahm Jesus das Brot und sprach den Lobpreis; dann brach er das Brot, reichte es den Jüngern und sagte: Nehmt und eßt; das ist mein Leib (26). *Dann nahm er den Kelch, sprach das Dankgebet und reichte ihn den Jüngern mit den Worten: Trinkt alle daraus; das ist mein Blut, das Blut des Bundes, das für viele vergossen wird zur Vergebung der Sünden* (27.28).

2. Das Opfer des Neuen Bundes (Lk. 22,20).

Ebenso nahm er nach dem Mahl den Kelch und sagte: Dieser Kelch ist der Neue Bund in meinem Blut, das für euch vergossen wird.

3. Gedächtnis, Feier seiner Gegenwart und nicht nur Erinnerung (Lk. 22,19).

Tut dies zu meinem Gedächtnis.

4. Das Brot des Lebens.

Das gebrochene Brot und das vergossene Blut sind unsere geistliche Nahrung. Die Kommunion – *eßt und trinkt alle davon* – erhält unser Leben.

Ich bin das Brot des Lebens. Eure Väter haben in der Wüste das Manna gegessen und sind gestorben. So aber ist es mit dem Brot, das vom Himmel herabkommt: Wenn jemand davon ißt, wird er nicht sterben. Ich bin das lebendige Brot, das vom Himmel herabgekommen ist. Wer von diesem Brot ißt, wird in Ewigkeit leben. Das Brot, das ich geben werde, ist mein Fleisch, ich gebe es hin für das Leben der Welt (Joh. 6,48-51).

Wer mein Fleisch ißt und mein Blut trinkt, hat das ewige Leben, und ich werde ihn auferwecken am Letzten Tag. Denn mein Fleisch ist wirklich eine Speise, und mein Blut ist wirklich ein Trank. Wer mein Fleisch ißt und mein Blut trinkt, der bleibt in mir, und ich bleibe in ihm (Joh. 6,54-56).

Das Weizenkorn

*Ich ging bettelnd von Tür zu Tür,
die Dorfstraße entlang,
als dein goldener Wagen aus der Ferne auftauchte.
Welch großartiger Traum!
Ich fragte mich, wer wohl dieser König aller Könige sei.
Meine Hoffnung wuchs, und ich dachte,
die Zeiten der Mühsal seien vorbei.
Ich wartete auf die Gaben, um die ich nicht bat,
auf Reichtümer im Überfluß.
Dein Wagen hielt neben mir.
Du schautest mich an und stiegst lächelnd aus.
Ich fühlte, daß endlich das Glück
in mein Leben getreten war.
Dann gabst du mir überraschenderweise die Hand
und batest: »Hast du irgendetwas für mich?«
Welch edle Geste!
Die Hand ausstrecken und einen Bettler um etwas bitten!
Ich wußte nicht, was ich tun sollte.
Dann holte ich aus meinem Beutel ein
winziges Weizenkorn und gab es dir.
Aber wie groß war meine Erstaunen,
als ich am Abend, zu meinem Hügel zurückgekehrt,
meinen Beutel ausschüttete
und ein Korn aus reinstem Gold vor mir sah.
Ich weinte bitterlich und wünschte,
ich hätte den Mut gehabt,
dir alles zu geben, was ich besaß.*

Rabindranath Tagore

25. Der Todeskampf Jesu am Ölberg

I. Übung: Betrachten der Zukunft

1. Beginnen Sie mit einer der Stille- und Entspannungsübungen, die Sie schon kennen.
2. Versuchen Sie nun, – beginnend beim jetzigen Augenblick –, sich die abzusehenden Ereignisse der nächsten Tage zu vergegenwärtigen.
3. etrachten Sie die Ereignisse, die Sie erwarten, so als stünden Sie außerhalb Ihrer selbst; und so wie Sie sie gern hätten.
4. Sehen Sie die Gegenwart Christi in diesen Begebenheiten? Wie möchten Sie, daß er sich bei diesen zukünftigen Begebenheiten verhält?
5. Versuchen Sie jetzt, sich in Jesus hineinzuversetzen, wie er – im Gebet am Vorabend seines Leidens – den Film der bevorstehenden Ereignisse vor seinem geistigen Auge ablaufen läßt. Seien Sie »in der Gegenwart des Mysteriums«, wie der heilige Ignatius sagt.
6. Stellen Sie sich neben Jesus und hören Sie das Gebet, in dem er den Vater bittet, ihm, wenn möglich, das Drama, das ihn erwartet, zu ersparen: *Vater, wenn du willst, nimm diesen Kelch von mir! Aber nicht mein, sondern dein Wille soll geschehen* (Lk. 22,42). Beobachten Sie, wie Jesus mit dem Vater und seinem Schicksal ringt. Er verharrt drei Stunden in Einsamkeit. Er will den Willen des Vaters kennen und bittet in tiefer Angst um die Kraft, ihn erfüllen zu können.
7. Erinnern Sie sich an tiefe Ängste im eigenen Leben. Haben wir sie oder sie uns besiegt? Versuchen Sie, sich zu vergegenwärtigen, was der Satz: »Dein Wille geschehe!« für Sie bedeutet. Verlassen Sie dann die Übung

Hinweise

◊ Der heilige Ignatius bleibt in seinen »Geistlichen Übungen« sehr nüchtern in der Darstellung und Betrachtung der Passion Jesu. Wenn wir, angesichts der Leidensgeschichte des Herrn, uns gedrängt fühlen, die Betrachtungen zu sehr auszudehnen, liegt dies womöglich an mangelnder Verinnerlichung.

◊ Die folgenden Betrachtungen des Leidens Jesu sollen uns auch die Augen öffnen für die Leiden unserer Brüder und Schwestern.

II. Biblische Betrachtung
Der Todeskampf Jesu

1. Die größte Versuchung erfordert ein besonderes Gebet (Lk. 22,39-40).

Dann verließ Jesus die Stadt und ging, wie er es gewohnt war, zum Ölberg; seine Jünger folgten ihm. Als er dort war, sagte er zu ihnen: Betet darum, daß ihr nicht in Versuchung geratet!

2. Demütiges Gebet (Mt. 26,38-39).

Und er sagte zu ihnen: Meine Seele ist zu Tode betrübt. Bleibt hier und wacht mit mir! Und er ging ein Stück weiter, warf sich zu Boden und betete: Mein Vater, wenn es möglich ist, gehe dieser Kelch an mir vorüber. Aber nicht wie ich will, sondern wie du willst.

3. Standhaftes Gebet (Mt. 26,42).

Dann ging er zum zweitenmal weg und betete: Mein Vater, wenn dieser Kelch an mir nicht vorübergehen kann, ohne daß ich ihn trinke, geschehe dein Wille.

4. Inniges und verzweifeltes Gebet (Lk. 22,44).
Und er betete in seiner Angst noch inständiger, und sein Schweiß war wie Blut, das auf die Erde tropfte.

5. Siegreiches Gebet (Mt. 26,46).
Steht auf, wir wollen gehen! Seht, der Verräter, der mich ausliefert, ist da.

Nicht eins, nicht zwei

»Wie sucht man Einheit mit Gott?«
»Je mehr du suchst, um so größer wird die Entfernung zwischen Ihm und dir.«
»Wie überwindet man diese Entfernung?«
»Begreife, daß sie nicht wirklich vorhanden ist.«
»Bedeutet das, Gott und ich sind eins?«
»Nicht eins, nicht zwei.«
»Wie ist das möglich?«
»Die Sonne und ihr Licht,
der Ozean und die Welle,
der Sänger und sein Lied –
nicht eins. Nicht zwei.«

26. Jesus mit der Dornenkrone

I. Übung: Vergangenheit und Zukunft

1. Beginnen Sie mit einer der Stille- und Entspannungsübungen, die Sie bereist kennengelernt haben.
2. Vergegenwärtigen Sie sich ein Ereignis aus Ihrer Vergangenheit, das für Sie Leiden bedeutet hat.
3. Vollbringen Sie einen Akt des Glaubens: Sagen Sie: Gott wollte mein Leiden, und er hatte die Fäden in der Hand, genauso wie er den Leidensweg Jesu nicht verhindert hat.
4. Gott wird das Böse zum Guten wenden: »O glückliche Schuld! … O wahrhaft heilbringende Sünde des Adam«!«
5. Bitten Sie Gott, daß er Ihnen das Gute zeigt, zu dem er das Ereignis wenden wird oder es bereits gewendet hat. Preisen Sie ihn! »Ich preise dich, Vater« … mit Ihren eigenen Worten und Gesten.
6. Machen Sie es ebenso mit einem vorherzusehenden, zukünftigem Ereignis. Danken Sie Gott schon im voraus für das Ergebnis. Fragen Sie ihn, wie Sie sich auf diese Augenblicke vorbereiten sollen. Bitten Sie ihn, daß er Ihnen in den schwierigsten Augenblicken in der Zukunft beistehen und Ihnen zeigen möge, wie Sie Ihren Anteil an der Leidensgeschichte auf sich nehmen können. Beenden Sie dann die Übung.

Hinweise

◊ Wenn Sie Aspekte der Leidensgeschichte Jesu betrachten:
- versuchen Sie, nicht über die Ereignisse nachzudenken, sondern üben Sie sich in der sinnlichen Wahrnehmung: sehen, hören, spüren, bewundern, gegenwärtig sein.
- betreten Sie das Herz Christi und erspüren Sie, wie er ohne Haß in Liebe leidet.

– suchen Sie die Gemeinschaft mit dem leidenden Christus und der Menschheit, die »in ihrem Fleisch das, was der Leidensgeschichte Christi fehlt, ergänzt«.

II. Biblische Betrachtung: *Jesus mit der Dornenkrone*

1. Krönung mit einem Kranz aus Dornen (Mt. 27,27-31).
Versuchen Sie, sich in dieses grausame Geschehen möglichst konkret hineinzuversetzen: *Sie zogen ihn aus und legten ihm einen purporroten Mantel um* (28).

2. Jesus ist geduldig, schweigt.
Dann flochten sie einen Kranz aus Dornen; den setzten sie ihm auf und gaben ihm einen Stock in die rechte Hand. Sie fielen vor ihm auf die Knie und verhöhnten ihn, indem sie riefen: Heil dir, König der Juden! (29)

3. Jesus wird verspottet.
Und sie spuckten ihn an, nahmen ihm den Stock wieder weg und schlugen ihm damit auf den Kopf (30).

Der leidende Knecht

Er wurde verachtet
und von den Menschen gemieden,
ein Mann voller Schmerzen,
mit Krankheit vertraut.
Wie einer, vor dem man das Gesicht verhüllt,
war er verachtet; wir schätzten ihn nicht.
Aber er hat unsere Krankheit getragen
und unsere Schmerzen auf sich geladen.
Wir meinten, er sei von Gott geschlagen,
von ihm getroffen und gebeugt.

Jesaja 53,3-4

27. Der Leidensweg Jesu

I. Übung: Betrachtend teilnehmen

1. Beginnen Sie mit einer der Entspannungs- und Stilleübungen, die Sie bereits kennen.
2. Lesen Sie andächtig die Geschichte des Leidens und Sterbens Jesu Christi aus dem Matthäusevangelium (Kapitel 26 und 27).
3. Lassen Sie auf sich wirken, was Sie gelesen haben. Denken Sie nicht darüber nach, sondern nehmen Sie nur die Gedanken, Bilder und Gefühle, die in Ihnen aufsteigen, bewußt wahr.
4. Wenn Sie das Empfinden haben, daß die Zeit gekommen ist, lassen Sie die Geschichte los und beenden Sie die Übung.

Hinweise

◊ Die »Betrachtung« ist eine höhere Stufe des Gebetes als die »Meditation«, denn Sie setzt einen höheren Grad der Vertrautheit und Gemeinschaft mit Gott voraus.

◊ Die Betrachtung ist eine eher gefühlsmäßige und intuitive als rationale Gebetsform, die der Stille und dem Herzen nahe ist; der Identifikation mit dem Betrachteten näher als der Spekulation darüber, der Gefühlswelt näher als dem Verstand.

◊ Betrachten bedeutet sich in die Szene hineinversetzen, teilnehmen, sehen, hören, spüren, schmecken … .

II. Biblische Betrachtung: *Der Leidensweg Jesu*

1. Seht, da ist der Mensch.

Jesus kam heraus; er trug die Dornenkrone und den purpurroten Mantel. Pilatus sagte zu ihnen. Seht, da ist der Mensch! (Joh. 19,5).

2. Kreuz zeigt sich Jesu umfassende Liebe.
Da lieferte er ihnen Jesus aus, damit er gekreuzigt würde (Joh. 19,16).

3. Jesus, der leidende Gottesknecht.
Wir hatten uns alle verirrt wie Schafe, jeder ging für sich seinen Weg. Doch der Herr lud auf ihn die Schuld von uns allen. Er wurde mißhandelt und niedergedrückt, aber er tat seinen Mund nicht auf. Wie ein Lamm, das man zum Schlachten führt, und wie ein Schaf angesichts seiner Scherer, so tat auch er seinen Mund nicht auf (Jes. 53,6-7).

4. Jesus verläßt die Stadt und gibt sich der Welt.
Er trug sein Kreuz und ging hinaus zur sogenannten Schädelhöhe, die auf hebräisch Golgota heißt (Joh. 19,17).

Und ich, wenn ich über der Erde erhöht bin, werde alle zu mir ziehen (Joh. 12,32).

5. Jesus ist demütig und nimmt die Hilfe der Menschen an.
Als sie ihn hinausführten, ergriffen sie einen Mann aus Zyrene namens Simon, der gerade vom Feld kam. Ihm luden sie das Kreuz auf, damit er es hinter Jesus hertrage (Lk. 23,26).

6. Noch in seinem Leiden denkt er an die anderen.
Es folgte eine große Menschenmenge, darunter auch Frauen, die um ihn klagten und weinten. Jesus wandte sich zu ihnen um und sagte: Ihr Frauen von Jerusalem, weint nicht über mich; weint über euch und eure Kinder! (Lk. 23,27-28).

Gott erhöhte ihn!

Er entäußerte sich
und wurde wie ein Sklave
und den Menschen gleich.
Sein Leben war das eines Menschen;
er erniedrigte sich
und war gehorsam bis zum Tod,
bis zum Tod am Kreuz.
Darum hat ihn Gott über alle erhöht
und ihm den Namen verliehen,
der größer ist als alle Namen,
damit alle im Himmel,
auf der Erde und unter der Erde
ihr Knie beugen vor dem Namen Jesu
und jeder Mund bekennt:
»Jesus Christus ist der Herr«-
zur Ehre Gottes, des Vaters.

Philipperbrief 2,7-11

28. Jesus stirbt am Kreuz

I. Übung: Die Stille vertiefen

1. Beginnen Sie wieder mit einer der Ihnen vertrauten Stille- und Entspannungsübungen.
2. Die Betrachtung des Sterbens und des Todes Jesu am Kreuz verlangt eine tiefe Stille und innere Ruhe. Um diese zu erreichen, können Sie im Geiste eine kurze passende Melodie anstimmen, wie zum Beispiel das *Kyrie eleison* oder auch eine andere einfache Melodie aus der Liturgie. Wählen Sie eine Melodie, die Sie kennen und die Ihnen zusagt, und singen Sie sie.
3. Wenn Sie das Gefühl haben, daß die Zeit gekommen ist, beenden Sie die Übung.

Hinweis

◊ Wenn wir die Schriften der Heiligen lesen, sehen wir, daß sie jeden Tag den Leidensweg des Herrn betrachteten. Der Kreuzweg war für sie Bestätigung und Licht. Sie fanden in ihm das Licht!

II. Biblische Betrachtung: *Jesus stirbt am Kreuz*

1. Gott beweist uns durch den Tod Christi seine Liebe (Röm. 5,8).

Gott aber hat seine Liebe zu uns darin erwiesen, daß Christus für uns gestorben ist, als wir noch Sünder waren.

2. Psalm 22.

Alle, die mich sehen, verlachen mich, verziehen die Lippen, schütteln den Kopf (8).

»Er wälze die Last auf den Herrn, der soll ihn befreien! Der reiße ihn heraus, wenn er an ihm Gefallen hat« (9).

Viele Hunde umlagern mich, eine Rotte von Bösen umkreist mich. Sie durchbohren mir Hände und Füße (17).

Sie verteilen unter sich meine Kleider und werfen das Los um mein Gewand (19).

3. Bevor er uns sein Leben gab, machte uns Jesus das große Geschenk seiner Mutter, damit sie auch unsere Mutter sei (Joh. 19,25-27).

Bei dem Kreuz Jesu standen seine Mutter und die Schwester seiner Mutter, Maria, die Frau des Klopas, und Maria von Magdala. Als Jesus seine Mutter sah und bei ihr den Jünger, den er liebte, sagte er zu seiner Mutter: Frau, siehe, dein Sohn! Dann sagte er zu dem Jünger: Siehe, deine Mutter! Und von jener Stunde an nahm sie der Jünger zu sich.

4. Jesus stirbt am Kreuz (Joh. 19,28-30).

Danach, als Jesus wußte, daß nun alles vollbracht war, sagte er, damit sich die Schrift erfüllte: Mich dürstet. Ein Gefäß mit Essig stand da. Sie steckten einen Schwamm mit Essig auf einen Ysopzweig und hielten ihn an seinen Mund. Als Jesus von dem Essig genommen hatte, sprach er: Es ist vollbracht! Und er neigte das Haupt und gab seinen Geist auf.

5. Jesus siegt und wir mit ihm.

Wenn sich aber dieses Vergängliche mit Unvergänglichkeit bekleidet und dieses Sterbliche mit Unsterblichkeit, dann erfüllt sich das Wort der Schrift: Verschlungen ist der Tod vom Sieg. Tod, wo ist dein Sieg? Tod, wo ist dein Stachel? Der Stachel des Todes aber ist die Sünde, die Kraft der Sünde ist das Gesetz. Gott aber sei Dank, der uns den Sieg geschenkt hat durch Jesus Christus, unseren Herrn (1 Kor. 15,54-57).

29. Die Erscheinung vor Maria aus Magdala

I. Übung: Mit dem Namen anrufen

1. Beginnen Sie mit einer der gewohnten Stille- und Entspannungsübungen.
2. Setzen Sie die Übung dann mit einer Imaginationsübung fort: Stellen Sie sich vor, Sie begegnetem dem auferstandenen Jesus. Was empfinden Sie? Versuchen Sie Ihren Gefühlen Ausdruck zu geben, indem Sie Jesus erstaunt und erfreut mit seinem Namen anrufen.
3. Kehren Sie die Übung nun um und hören Sie, wie Jesus Sie mit Ihrem Namen anspricht. Lauschen Sie! Lassen Sie sich von Jesus anrufen.
4. Was erfahren Sie, wenn Sie Jesus Ihren Namen sagen hören? Nehmen Sie Ihre Gefühle wahr.
5. Wenn es Zeit ist, beenden Sie die Übung.

Hinweise

◊ Das Betrachten des Geheimnisses der Auferstehung in uns vermag große geistliche Freude zu wecken. Sie ist eine besondere Gnade.

◊ Die Freude ist eine Gabe des Heiligen Geistes, des Trösters, Beistands und der belebenden Kraft.

II. Biblische Betrachtung: *Jesus erscheint Maria von Magdala*

1. Jesus spricht den Namen Marias aus (Joh. 20,11-18).

Denken Sie über die Verse nach, die Sie innerlich am meisten anrühren, zum Beispiel:

- *Maria aber stand draußen vor dem Grab und weinte* (11).
- *Frau, warum weinst du? Wen suchst du?* (15).
- *Jesus sagte zu ihr: Maria!* (16).
- *Sie sagte auf hebräisch zu ihm: Rabbuni!, das heißt: Meister* (16).
- *Maria von Magdala ging zu den Jüngern und verkündete ihnen: ich habe den Herrn gesehen* (18).
- *Geh … und sag ihnen …!(17).*

2. Maria, die Mutter Jesu

Noch eine Maria, die Mutter Jesu, wird zu diesem Zeitpunkt bereits den ersten und unbeschreiblichen Besuch Jesu erhalten haben. Der heilige Ignatius von Loyola sagt: »Obgleich dies nicht in der Heiligen Schrift ausdrücklich gesagt wird, so betrachtet man es doch als mitgesagt, da berichtet wird, er sei so vielen andern erschienen. Denn die Schrift setzt voraus, daß wir verständige Einsicht haben« (Geistliche Übung 299). Was wird Maria gesagt haben? Sie wird von neuem das »Magnificat« ausgerufen haben.

Tod, wo ist dein Sieg?

Seht, ich enthülle euch ein Geheimnis:
Wir werden nicht alle entschlafen,
aber wir werden alle verwandelt werden-
plötzlich, in einem Augenblick,
beim letzten Posaunenschall.
Die Posaune wird erschallen,
die Toten werden zur Unvergänglichkeit auferweckt,
wir aber werden verwandelt werden.
Denn dieses Vergängliche
muß sich mit Unvergänglichkeit bekleiden
und dieses Sterbliche mit Unsterblichkeit.
Wenn sich aber dieses Vergängliche
mit Unvergänglichkeit bekleidet
und dieses Sterbliche mit Unsterblichkeit,
dann erfüllt sich das Wort der Schrift:
Verschlungen ist der Tod vom Sieg.
Tod, wo ist dein Sieg?
Tod, wo ist dein Stachel?

1. Korintherbrief 15,51-55

30. Sie waren voller Freude

I. Übung: Die vielen Namen Jesu

1. Beginnen Sie mit einer der Entspannungs- und Stilleübungen, die Sie bereits kennen.
2. Wiederholen Sie danach die vorangegangene Übung. Sprechen Sie den Namen Jesu so oft aus, wie es Ihnen geistlichen Nutzen bringt, mit Gefühlen der Anbetung, Liebe, des Vertrauens, der Hingabe, des Verlangens, der Reue.
3. Geben Sie mit jedem Atemzug Jesus neue Namen: »Mein Fels«, »mein Schild«, »mein Lied«, »mein Friede«. Ebenso: »Jesus, mein Leben«, »Jesus, meine Freude«, »Jesus, meine Kraft«, »Jesus, meine Liebe«, »Jesus, Sinn meines Lebens«, »Jesus, mein Freund«, »Jesus, mein Meister«, »Jesus, guter Hirt« ...
4. Stellen Sie sich vor, daß Jesus diese Namen für Sie wiederholt! Was empfinden Sie dabei?
5. Wenn Ihnen die Zeit gekommen scheint, beenden Sie die Übung.

Hinweise

◊ Die Meditation der Bibelstellen über die Auferstehung soll zu einer tiefen Freude darüber führen: Jesus Christus ist auferstanden, er ist nun immer bei uns. Der heilige Ignatius schlägt eine geeignete Stimmung für diese Betrachtung vor: »Sobald ich erwache, will ich mir die Betrachtung, die ich zu machen vorhabe, vor Augen führen, indem ich danach trachte, innerlich mich zu bewegen und zu freuen über den so großen Jubel und die Freude Christi unseres Herrn« (Geistliche Übung 229).

◊ »Dinge ins Gedächtnis rufen und überdenken, die Wohlgefallen, Freude und geistlichen Jubel wecken, wie zum Beispiel die himmlische Seligkeit« (Geistliche Übung 229).

II. Biblische Betrachtung:
Sie waren voller Freude

1. Jesus erscheint den Jüngern (Joh. 20,19 -29).

Vergegenwärtigen Sie sich diese Szene:

Am Abend dieses ersten Tages der Woche, als die Jünger aus Furcht vor den Juden die Türen verschlossen hatten, ...(19).

Sehen Sie, wie Jesus eintritt:

... kam Jesus, trat in ihre Mitte, und sagte zu ihnen: ... (19).

Hören Sie auf die Worte und seinen Ton, wenn er sagt:

Friede sei mit euch! (19).

Sehen Sie, wie er die Male der Hände und seiner Seite zeigt:

Nach diesen Worten zeigte er ihnen seine Hände und seine Seite. Da freuten sich die Jünger, daß sie den Herrn sahen (20).

2. Thomas gelangt vom Sehen zum Glauben.

Dann sagte er zu Thomas: Streck deinen Finger aus – hier sind meine Hände! Streck deine Hand aus und leg sie in meine Seite, und sei nicht ungläubig, sondern gläubig! (27).

Mein Herr und mein Gott! (28).

Zuhören

Ein alter Mann konnte stundenlang
still in der Kirche sitzen.
Eines Tages fragte ihn ein Priester,
worüber Gott mit ihm spräche.
»Gott spricht nicht. Er hört nur zu«, war die Antwort.
»Was redest du dann mit ihm?«
»Ich spreche auch nicht. Ich höre nur zu.«

31. Als er das Brot brach, erkannten sie ihn

I. Übung: Erkennen, wie er uns ansieht

1. Beginnen Sie wieder mit einer der Stille- und Entspannungsübungen.
2. Stellen Sie sich dann vor, sie begegnen dem auferstandenen Herrn, und folgen Sie in dieser Begegnung der Methode, die die hl. Therese von Lisieux empfiehlt: »Sieh ihn, der dich ansieht«. Sehen Sie, wie Jesus Sie anschaut: wie er Sie liebt.
3. Lassen Sie zu, daß er Ihnen seine Liebe ausspricht. Es macht einen großen Unterschied, ob man sagt »Gott liebt mich«, oder zu »fühlen«, zu »erfahren«, daß Gott zu einem selbst sagt: »Ich liebe dich«. Wenn wahrhaft zu lieben schon schwierig ist, wie schwierig ist es dann erst, geliebt zu werden. Stellen Sie sich ganz ehrlich diese Frage: »Lasse ich mich lieben?«
4. Sagen Sie schließlich Jesus Christus Ihre Liebe, in Worten und Gesten, und beenden Sie dann die Übung.

Hinweise

◊ Der hauptsächliche Zweck dieser Betrachtungen ist das Wachsen der Liebe zu Jesus Christus.

◊ Nach so vielen Betrachtungen fühlen Sie sicherlich, daß Sie nun ganz anders als vorher auf diese Frage antworten können: »Wer, sagst du, daß ich bin?«

II. Biblische Betrachtung:
Als er das Brot brach, erkannten sie ihn

1. Die beiden Emmausjünger (Lk. 24,13-35).
Am gleichen Tag waren zwei von den Jüngern auf dem Weg in ein Dorf namens Emmaus (13).

Sie sprachen miteinander über all das, was sich ereignet hatte (14).

2. Jesus ergreift die Initiative zu der Begegnung.
Während sie redeten und ihre Gedanken austauschten, kam Jesus hinzu und ging mit ihnen (15). *Er fragte sie: Was sind das für Dinge, über die ihr auf eurem Weg miteinander redet* (17)?

3. Kleopas und sein Gefährte sind die Verzweiflung in Person.
Da blieben sie traurig stehen …, wir aber hatten gehofft …, einige Frauen …, einige von uns gingen dann zum Grab und fanden alles so, wie die Frauen gesagt hatten; ihn selbst aber sahen sie nicht (17-24).

4. Die Auferstehung gibt der Schrift ihren Sinn.
Da sagte er zu ihnen: Begreift ihr denn nicht? Wie schwer fällt es euch, alles zu glauben, was die Propheten gesagt haben. Mußte nicht der Messias all das erleiden, um so in seine Herrlichkeit zu gelangen? Und er legte ihnen dar, ausgehend von Mose und allen Propheten, was in der gesamten Schrift über ihn geschrieben steht (25-27).

5. Jesus hat bereits ihre Aufmerksamkeit gewonnen.
Aber sie drängten ihn und sagten: bleib doch bei uns; denn es wird bald Abend, der Tag hat sich schon geneigt. Da ging er mit hinein, um bei ihnen zu bleiben (29).

6. Sie erkannten Jesus an der Art und Weise, wie er das das Brot brach.

Und als er mit ihnen bei Tisch war, nahm er das Brot, sprach den Lobpreis, brach das Brot und gab es ihnen. Da gingen ihnen die Augen auf, und sie erkannten ihn; dann sagen sie ihn nicht mehr (30.31).

7. Die Gegenwart Jesu ergreift die Herzen.

Und sie sagten zueinander: Brannte uns nicht das Herz in der Brust, als er unterwegs mit uns redete und uns den Sinn der Schrift erschloß? (32).

8. Bei der Rückkehr nach Jerusalem fanden sie die elf und die anderen Jünger versammelt.

Der Herr ist wirklich auferstanden und ist dem Simon erschienen (33.34). *Da erzählten auch sie, was sie unterwegs erlebt und wie sie ihn erkannt hatten, als er das Brot brach* (35).

32. Am Ufer des Sees von Tiberias

I. Übung: Der See

1. Beginnen Sie mit einer der Stille- und Entspannungsübungen, die Sie bereist kennengelernt haben.
2. Stellen Sie sich nun einen großen See vor, den See von Tiberias. Jemand nannte diesen Ort den »Tempel Jesu«; ein natürlicher Tempel, viele Male von Jesus besucht, Stätte von Wundern und Heilungen, wunderbaren Fischzügen, besänftigten Stürmen, Umgebung für die Wahl des ersten Papstes.
3. Hier begegnet der auferstandene Christus an einem Frühlingsmorgen sieben seiner Jünger. Vergegenwärtigen Sie sich diese Begegnung. Heute sind auch Sie eingeladen zu »sehen«, zu »hören«, zu »betrachten« und zu »bedenken«.
4. Erleben Sie diese Begegnung und vergegenwärtigen Sie sich das Ereignis und den Ort in seiner Symbolik:

- Jesus stellt Ihnen dieselbe Frage, die er Petrus stellt: »Liebst du mich?«.
- Vergleichen Sie die Symbolik des Sees mit der Auferstehung: Der See ist schön. Lassen Sie die Schönheit des Sees auf Sie wirken. Betrachten Sie die Schönheit der Auferstehung. Es gibt nichts Schöneres als ein neues und herrliches Leben, das aus dem Tod hervorgeht.
- Der See ist tief. Vergegenwärtigen Sie sich die Geheimnisse, die der See in seiner Tiefe birgt, die Vielfalt des Lebens darin. Auch der Reichtum der Auferstehung ist faszinierend. Die Auferstehung ist viel mehr als nur eine Rückkehr zum früheren Leben. Sie ist vollkommenes, verherrlichtes Leben, strahlend, wie es kein Auge zuvor gesehen hat, kein Ohr gehört, wie es sich kein menschlicher Verstand vorstellen kann … .

- Der See, auch das Galiläische Meer genannt, ist groß. Sehen Sie, wie sich vor Ihren Augen Horizonte auftun. Blaue Horizonte an einem Frühlingsmorgen. An einem Ostermorgen. Denken Sie daran, daß die Auferstehung Jesu auf die ganze Welt Auswirkungen hat, sie erreicht alle Menschen; Menschen aller Rassen, aller Glaubensrichtungen, aller Zeiten … Sie erstreckt sich auf die ganze Schöpfung, denn *wir wissen, daß die gesamte Schöpfung seufzt … aber auch wir seufzen in unserem Herzen und warten darauf, daß wir mit der Erlösung unseres Leibes als Söhne offenbar werden. Die er gerecht gemacht hat, die hat er auch verherrlicht* (Röm. 8,22.23.30).
- Wie der See ein ökologisches Gleichgewicht für die Natur darstellt, bringt auch die Auferstehung alles wieder in Ordnung: Sie erklärt das Leben und den Tod Jesu, seine Lehren, sein Wirken und seine Verheißungen; sie bestätigt, daß die von Jesus verkündete Gottesherrschaft ihre volle Bedeutung hat und daß unser Weg an der Seite Jesu der einzige ist, der unserem Leben einen Sinn geben kann. Wer mit ihm geht, wird siegen!
- Der See ist in ständiger Bewegung, manchmal mehr, manchmal weniger. Die Wellen des Sees rollen sacht an das Ufer, eine nach der anderen. Die Wirkungen der Auferstehung sind wie die Wellen des Sees: sie entstehen und erneuern sich ständig. Überall können wir dies sehen: In allen erfolgreichen Befreiungsversuchen von Unterdrückten; in den Gesichtern von Kranken, die trotz aller Leiden noch hoffen; in allen humanitären Erfolgen, die erreicht werden und das Leben auf der Welt gerechter, froher und glücklicher machen; im Glück und der Freude eines Menschen, der sich dem auferstanden Jesus anvertraut hat.
- Die Wellen des Sees kommen und gehen ohne Unterlaß. Sie sind wie die erbarmende Gnade des auferstandenen

Christus, die immer wieder an unser Ufer schlägt, das ständig gereinigt werden muß.

5. Wenn es Ihnen an der Zeit scheint, beenden Sie diese Übung.

Hinweis

◊ Diese Betrachtung kann während mehrerer Tage oder einer ganzen Woche gemacht werden.

II. Biblische Betrachtung: *Die Ufer des Sees von Tiberias*

1. Petrus lädt seine Gefährten ein (Joh. 21,1-14).
Simon Petrus sagte zu ihnen: Ich gehe fischen (3).

2. Die Antwort der Gefährten.
Sie sagten zu ihm: Wir kommen auch mit. Sie gingen hinaus und stiegen in das Boot. Aber in dieser Nacht fingen sie nichts (3).

3. Bei Jesus ist alles anders.
Als es schon Morgen wurde, stand Jesus am Ufer. Doch die Jünger wußten nicht, daß es Jesus war. Er aber sagte zu ihnen: Werft das Netz auf der rechten Seite des Bootes aus, und ihr werdet etwas fangen. Sie warfen das Netz aus und konnten es nicht wieder einholen, so voller Fische war es (4.6).

4. Petrus und Johannes verhalten sich merkwürdig.
Da sagte der Jünger, den Jesus liebte, zu Petrus: Es ist der Herr! Als Simon Petrus hörte, daß es der Herr sei, gürtete er sich das Obergewand um, weil er nackt war, und sprang in den See (7).

5. Die anderen bleiben namenlos.

Dann kamen die anderen Jünger mit dem Boot – sie waren nämlich nicht weit vom Land entfernt, nur etwa zweihundert Ellen – und zogen das Netz mit den Fischen hinter sich her (8).

6. Jesus bedient sie.

Jesus trat heran, nahm das Brot und gab es ihnen, ebenso den Fisch (13).

Er ist schon in unserem Haus

Ein Prediger pflegte zu verkünden:
»Wir müssen Gott in unser Leben bringen!«
Aber der Meister erwiderte ihm:
»Gott ist bereits in unserem Leben,
wir müssen ihn nur erkennen.«

33. Komm, Heiliger Geist

I. Übung: Das Herz Christi

1. Beginnen Sie mit einer Entspannungs- und Stilleübung.
2. Stellen Sie sich dann vor, der auferstandene Christus sei bei Ihnen.
3. Christus läßt Sie durch die Tür seiner offenen Seite in sein Herz schauen. Dort ist aller Ursprung. Von Jesus empfangen wir die Gabe des Heiligen Geistes im Symbol des Wassers (Joh. 7,37-39) und die Gabe der heiligen Eucharistie im Symbol des Blutes (Joh. 6,54-56). Diese drei Symbole legen Zeugnis ab: der Geist, das Wasser und das Blut (1 Joh. 5,6).
4. Jesus zeigt Ihnen sein Herz, um Ihnen zu sagen, wie sehr er Sie liebt, so wie Sie sind, hier und jetzt; er liebt Sie bedingungslos.
5. Geben Sie sich der Zuneigung Jesu hin. Wenn es Ihnen an der Zeit scheint, beenden Sie die Übung.

Hinweise

◊ Die Grundidee des Johannesevangeliums ist, daß die historischen Gesten Jesu Zeichen sind, durch die der Glaube die tiefe Wirklichkeit Christi und die Gaben, die er der Welt bringt, entdeckt.

◊ Daß Johannes so darauf besteht, daß er als Augenzeuge wirklich gesehen, hat, »wie einer der Soldaten mit der Lanze in seine Seite stieß, und sogleich Blut und Wasser herausfloß« (Joh. 19,34), bekräftigt nicht nur die Wahrheit des Geschehenen, sondern enthüllt vor allem, was Wasser und Blut bedeuten: die Gabe des Heiligen Geistes und die Gabe der Eucharistie.

II. Biblische Betrachtung: *Komm, Heiliger Geist*

1. Der Heilige Geist, Gabe Jesu.

Und ich werde den Vater bitten, und er wird euch einen anderen Beistand geben, der für immer bei euch bleiben soll (Joh. 14,16). *Der Beistand aber, der Heilige Geist, den der Vater in meinem Namen senden wird, der wird euch alles lehren und euch an alles erinnern, was ich euch gesagt habe* (Joh. 14,26). *Wenn aber der Beistand kommt, den ich euch vom Vater aus senden werde, der Geist der Wahrheit, der vom Vater ausgeht, dann wird er Zeugnis für mich ablegen* (Joh. 15,26).

2. Der Geist führt zur Wahrheit (Joh. 16,13).

Wenn aber jener kommt, der Geist der Wahrheit, wird er euch in die ganze Wahrheit führen.

3. Der Geist befreit.

Denn das Gesetz des Geistes und des Lebens in Christus Jesus hat dich frei gemacht vom Gesetz der Sünde und des Todes (Röm. 8,2). *Denn alle, die sich vom Geist Gottes leiten lassen, sind Söhne Gottes* (Röm. 8,14).

4. Der Geist gibt Leben und Frieden (Röm. 8,6).

Das Trachten des Fleisches führt zum Tod, das Trachten des Geistes aber zu Leben und Frieden.

5. Der Geist betet für uns (Röm. 8,26).

So nimmt sich auch der Geist unserer Schwachheit an. Denn wir wissen nicht, worum wir in rechter Weise beten sollen; der Geist selber tritt jedoch für uns ein mit Seufzen, das wir nicht in Worte fassen können.

6. Der Geist wohnt in uns (1Kor. 3,16).
Wißt ihr nicht, daß ihr Gottes Tempel seid, und der Geist Gottes in euch wohnt?

7. Der Geist macht uns zu Kindern Gottes (Röm. 8,14.15).
Denn alle, die sich vom Geist Gottes leiten lassen, sind Söhne Gottes. Denn ihr habt nicht einen Geist empfangen, der euch zu Sklaven macht, so daß ihr euch immer noch fürchten müßtet, sondern ihr habt den Geist empfangen, der euch zu Söhnen macht, den Geist, in dem wir rufen: Abba, Vater!

8. Der Geist teilt seine Gaben (1Kor. 12,4-11).
Es gibt verschiedene Gnadengaben, aber nur den einen Geist. Es gibt verschiedene Dienste, aber nur den einen Herrn. Es gibt verschiedene Kräfte, die wirken, aber nur den einen Gott: Er bewirkt alles in allen. Jedem aber wird die Offenbarung des Geistes geschenkt, damit sie anderen nützt. Dem einen wird vom Geist die Gabe geschenkt, Weisheit mitzuteilen, dem andern durch den gleichen Geist die Gabe, Erkenntnis zu vermitteln, dem dritten im gleichen Geist Glaubenskraft, einem andern – immer in dem einen Geist – die Gabe, Krankheiten zu heilen, einem andern Wunderkräfte, einem andern prophetisches Reden, einem andern die Fähigkeit, die Geister zu unterscheiden, wieder einem andern verschiedene Arten von Zungenrede, einem andern schließlich die Gabe, sie zu deuten. Das alles bewirkt ein und derselbe Geist; einem jeden teilt er seine besondere Gabe zu, wie er will.

34. Das neue Gebot

I. Übung: Bitten für andere

1. Beginnen Sie wieder mit einer Entspannungs- und Stilleübung.
2. Treten Sie in eine Beziehung zu Christus ein. Stellen Sie sich vor, Sie seien überflutet vom lebendigen Licht des auferstandenen Herrn, erfüllt von seinem Leben, seiner Kraft.
3. Stellen Sie sich vor, wie Sie die Hände auf den Kopf der Menschen legen, die Sie lieben. Jesus wohnt in jedem von ihnen. Bitten Sie, daß die Liebe Christi auf sie herabkomme. Ohne Worte. Betrachten Sie, wie sie vom Leben und der Liebe Christi erleuchtet werden. Betrachten Sie die Veränderung in ihnen.
4. Wenn Sie müde werden, kehren Sie zur tröstlichen Gegenwart Christi zurück und erholen Sie sich in ihr für ein paar Augenblicke. Danach legen Sie wieder Ihre Hände auf.
5. Legen Sie in Ihrer Vorstellung jedem die Hände auf, der sich auf Ihre Fürsorge verläßt: Familienangehörige, Lebensgefährten, Arbeitskollegen, alle, für die Sie beten möchten.Die Kraft Christi fließt durch unsere Hände in jeden einzelnen von ihnen.
6. Denken Sie einige Augenblicke lang an gar nichts und bitten Sie den Heiligen Geist, daß er Ihnen vorschlägt, für wen oder was Sie beten sollen.
7. Wenn Sie das Gefühl haben, an ein Ende gekommen zu sein, verlassen Sie die Übung.

Hinweis

◊ Jesus empfiehlt und praktiziert diese Art zu beten. Es ist seine Aufgabe, immer für uns zu bitten. *Er lebt allezeit, um für sie einzutreten* (Heb. 7,25). *Der Geist selber jedoch tritt für uns ein mit Seufzen, das wir nicht in Worte fassen können* (Röm. 8,26).

Maria bittet für uns, wie sie es bei der Hochzeit zu Kana mit den Worten tat: *Sie haben keinen Wein mehr* (Joh. 2,3).

II. Biblische Betrachtung: *Das neue Gebot*

1. Das neue Gebot (Joh. 13,34).
Ein neues Gebot gebe ich euch: Liebt einander! Wie ich euch geliebt habe, so sollt auch ihr einander lieben.

2. Das wahre Zeugnis Christi (Joh. 13,35).
Daran werden alle erkennen, daß ihr meine Jünger seid: wenn ihr einander liebt.

3. Am größten ist die Liebe (1Kor. 13,1-3).
Wenn ich in den Sprachen der Menschen und Engel redete, hätte aber die Liebe nicht, wäre ich dröhnendes Erz oder eine lärmende Pauke. Und wenn ich prophetisch reden könnte und alle Geheimnisse wüßte und alle Erkenntnis hätte; wenn ich alle Glaubenskraft besäße und Berge damit versezten könnte, hätte aber die Liebe nicht, wäre ich nichts. Und wenn ich meine ganze Habe verschenkte, und wenn ich meinen Leib dem Feuer übergäbe, hätte aber die Liebe nicht, nützte es mir nichts.

4. Eigenschaften der Liebe (1 Kor. 13,4-7).
Die Liebe ist langmütig, die Liebe ist gütig. Sie ereifert sich nicht, sie prahlt nicht, sie bläht sich nicht auf. Sie handelt nicht ungehörig, sucht nicht ihren Vorteil, läßt sich nicht zum Zorn reizen, trägt das Böse nicht nach. Sie freut sich nicht über das Unrecht, sondern freut sich an der Wahrheit. Sie erträgt alles, glaubt alles, hofft alles, hält allem stand.

5. Die Liebe ist unendlich (1Kor. 8.13).

Die Liebe hört niemals auf. Für jetzt bleiben Glaube, Hoffnung, Liebe, diese drei; doch am größten unter ihnen ist die Liebe.

Die Liebe ist ewig

Die Liebe hört niemals auf.
Prophetisches Reden hat ein Ende,
Zungenrede verstummt,
Erkenntnis vergeht.
Denn Stückwerk ist unser Erkennen,
Stückwerk unser prophetisches Reden;
wenn aber das Vollendete kommt,
vergeht alles Stückwerk.
Als ich ein Kind war,
redete ich wie ein Kind,
dachte wie ein Kind
und urteilte wie ein Kind.
Als ich ein Mann wurde,
legte ich ab, was Kind an mir war.
Jetzt schauen wir in einen Spiegel
und sehen nur rätselhafte Umrisse,
dann aber sehen wir von Angesicht zu Angesicht.
Jetzt erkenne ich unvollkommen,
dann aber werde ich durch und durch erkennen,
so wie ich auch durch und durch erkannt worden bin.
Für jetzt bleiben Glaube, Hoffnung, Liebe, diese drei;
doch am größten unter ihnen ist die Liebe.

1. Korintherbrief 13,8-13

35. Freue dich, Maria, voll der Gnade

I. Übung: Namen schaffen Gegenwart

1. Beginnen Sie mit einer Stille- und Entspannungsübung.
2. Betrachten Sie die Gegenwart Marias in Ihrem Leben. Erspüren Sie die Gegenwart Marias in Ihrem Herzen. Welche Gefühle entdecken Sie in Ihrem Herzen, wenn Sie den Namen Marias aussprechen? Welche anderen Bezeichnungen finden Sie für Maria? »Mutter Christi«? »Meine Mutter«? Andere? Formulieren Sie in Gedanken eine eigene Litanei der Namen Marias.
3. Versuchen Sie nun zu ergründen, wie dieser Name in den Herzen der Heiligen widerhallt. Wie sehen andere die Gegenwart Marias? Welche Hoffnungen, welche Gefühle verbinden sie mit ihr?
4. Versuchen Sie nun noch einmal, sich in das Herz des Sohnes zu versetzen und zu sehen, was er für Maria empfindet. Bewunderung? Dank? Zärtlichkeit? Was tat Jesus für sie, was würde er noch gerne für sie tun?
5. Versuchen Sie, die Gefühle zu verstehen, die der Name Mariens in den Herzen derer, die Maria lieben, hervorruft.
6. Wenden Sie sich wieder Ihren eigenen Gefühlen Maria gegenüber zu und verlassen Sie dann die Übung.

II. Biblische Betrachtung: *Freu dich Maria, voll der Gnade*

1. Beten Sie langsam das »Gegrüßet seist du, Maria«.

2. Du bist voll der Gnade (Lk. 1,28).

Manche Bibelübersetzungen übertragen diese Stelle so: *Sei gegrüßt, du Begnadete, der Herr ist mit dir.* Hier steht nicht der einfache griechische Gruß: »Wohl dir«, oder das lateinische »Ave«, das bei vielen antiken Klassikern als Gruß erscheint: »Ave, Caesar«, sondern eine Einladung zur Freude: »*Freue dich* (griechisch: chaire).

3. Der Herr ist mit dir (Lk. 1,28).

Diese Worte, die der Engel hinzufügt, sind nicht nur Vorsehung, sondern eine göttliche Garantie für die neue, große Verpflichtung, die Maria annehmen muß: Mutter Jesu zu sein.

4. Der Name der Jungfrau war Maria (Lk. 1,27).

Hier erscheint zum ersten Mal der Name Marias. Zum letzten Mal nennt das Neue Testament Maria in der Apostelgeschichte 1,14: *Sie alle verharrten dort einmütig zum Gebet, zusammen mit den Frauen und mit Maria, der Mutter Jesu, und mit seinen Brüdern.* Unser Name »Maria« entspricht dem hebräischen Miriyam, einem sehr gebräuchlichen Namen, wie schon seine häufige Erwähnung im Neuen Testament auch für andere Frauen zeigt.

5. Gesegnet bist du mehr als alle anderen Frauen, und gesegnet ist die Frucht deines Leibes (Lk. 1,42).

Maria wird begrüßt als gebenedeit unter den Frauen, denn das Kind, das sie trägt, ist gesegnet und es ist der Herr. *Wer bin ich, daß die Mutter meines Herrn zu mir kommt?* (Lk. 1,43)

6. Heilige Maria, Mutter Gottes.

Dieser zweite Teil des Ave-Maria ist kirchlichen Ursprungs. Nachdem wir Maria als Mutter Gottes gepriesen haben, erbitten wir in ihm gemeinsam mit den Sündern Schutz für den jetzigen und den Augenblick unseres Abschieds, in der Stunde unseres Todes.

7. Heilige Maria.

Maria ist heilig, denn sie ist voll der Gnade, und weil die Aufgabe, für die sie auserwählt wurde, die heiligste ist, die ein Mensch haben kann, nämlich »Die Mutter Gottes zu sein«.

8. Mutter Gottes.

Die göttliche Erwählung Marias, Mutter des fleischgewordenen Wortes zu sein, verleiht Maria die größte Würde, die einem menschlichen Wesen verliehen werden kann. Sie ist der Ursprung ihrer anderen Attribute: »Jungfräulich«, »ohne Sünde empfangen«, »Mutter der Kirche«, »mit Leib und Seele in den Himmel aufgenommen«, usw.

9. Bitte für uns Sünder, jetzt und in der Stunde unseres Todes.

Dieses Flehen zu Maria ist in den Eigenschaften begründet, die die christliche Gemeinschaft ihr zuschreibt: Mutter Jesu, unsere Mutter und Mutter des Glaubens und Fürsprecherin bei ihrem Sohn Jesus Christus.

36. Der heilige Name Jesu

I. Übung: Heilender Name

1. Beginnen Sie mit einer Entspannungs- und Stilleübung.
2. Sprechen Sie nun den Namen Jesu langsam und andächtig, wobei Sie danach verlangen, von der Gegenwart Jesu durchdrungen zu werden. Der Name Jesu bringt rettende Gegenwart. Jesus heißt Retter: *Denn es ist uns Menschen kein anderer Name unter dem Himmel gegeben, durch den wir gerettet werden sollen* (Apg. 4,12). Wird sein Name mit Liebe ausgesprochen, bringt er Vergebung der Sünden.
3. Der Name Gottes heilt den ganzen Menschen. »Man verliert alle Angst, heilt jede Krankheit allein durch den Namen Gottes!« (Mahatma Gandhi).
4. Salben Sie Ihre Sinne und Fähigkeiten mit dem Namen Jesu. Erspüren Sie, wie jeder Ihrer Sinne, jedes Glied, jede Fähigkeit, durchdrungen wird von der Gegenwart und Kraft Jesu.
5. Wenn Sie das Gefühl haben, sich ganz in den Namen Jesu hineingegeben zu haben, verlassen Sie die Übung.

Hinweise

◊ Im semitischen Kulturraum ist der Name (shem) nichts Leeres, sondern etwas Mächtiges, das einen Menschen erst gegenwärtig macht (1 Sam. 25,25).

◊ Der Name drückt Größe, Ruhm und Ehre aus, von dem etwas erwartet wird und durch den etwas geschehen soll.

◊ Der Name drückt die Funktion seines Trägers aus, seine Berufung, den Grund seines Daseins.

◊ In der Bibel ersetzt der Name oft seinen Träger, darum wird in vielen Bibelausgaben »Name« mit »Mensch« wiedergegeben: Der »Name Jesus« wird der »Mensch Jesus«.

II. Biblische Betrachtung: *Der heilige Name Jesu*

1. Der Name Jesu, der Name des Retters.

Sie wird einen Sohn gebären; ihm sollst du den Namen Jesus geben; denn er wird sein Volk von seinen Sünden erlösen (Mt. 1,21).

Aber ihr seid reingewaschen, seid geheiligt, seid gerecht geworden im Namen Jesu Christi, des Herrn, und im Geist unseres Gottes (1 Kor. 6,11).

Denn es ist uns Menschen kein anderer Name unter dem Himmel gegeben, durch den wir gerettet werden sollen (Apg. 4,12).

2. Der Name Jesu als Kraft und Stärke.

Petrus aber sagte: Silber und Gold besitze ich nicht. Doch was ich habe, daß gebe ich dir: Im Namen Jesu Christi, des Nazoräers, geh umher! (Apg. 3,6).

Und weil er an seinen Namen geglaubt hat, hat dieser Name den Mann hier, den ihr seht und kennt, zu Kräften gebracht; der Glaube, der durch ihn kommt, hat ihm vor euer aller Augen die volle Gesundheit geschenkt (Apg. 3,16).

3. Der Name Jesu, Hoffnung und Schutz.

Und auf seinen Namen werden die Völker ihre Hoffnung setzen (Mt. 12,21).

Was ihr von meinem Vater erbitten werdet, das wird er euch in meinem Namen geben (Joh. 16,23).

4. Größe und Ruhm des Namen Jesu (Phil. 2,9-11).

Darum hat ihn Gott über alle erhöht und ihm den Namen verliehen, der größer ist als alle Namen, damit alle im Himmel, auf der Erde und unter der Erde ihre Knie beugen vor dem Namen Jesu und jeder Mund bekennt: »Jesus Christus ist der Herr« – zur Ehre Gottes, des Vaters.

5. Die Jünger verkündeten den Namen Jesu.

Der Herr aber sprach zu ihm: Geh nur! Denn dieser Mann ist mein auserwähltes Werkeug: Er soll meinen Namen vor Völker und Könige und die Söhne Israels tragen (Apg. 9,15).

So ging er bei ihnen in Jerusalem ein und aus, trat unerschrocken im Namen des Herrn auf (Apg. 9,28).

6. Die größte Gabe, die wir empfangen haben, ist der Name Jesu (Joh. 14,26).

Der Beistand aber, der Heilige Geist, den der Vater in meinem Namen senden wird, der wird euch alles lehren und euch an alles erinnern, was ich euch gesagt habe.

Wann endlich spürst du mich

»Hier sitze ich neben dir«,
sagte Gott zu seinem eifrigen Anhänger,
»und du zerbrichst dir den Kopf weiter über mich,
bemühst deine Zunge, um über mich zu reden,
und Bücher, um über mich zu lesen.
Wann wirst du endlich still und spürst mich?«

37. Beten mit heiligen Wünschen

I. Übung: Beten mit Wünschen

1. Beginnen Sie mit einer Entspannungs- und Stilleübung.
2. Vergegenwärtigen Sie sich nun Ihren größten Wunsch. Augustinus sagte: »Jeder Wunsch, über den Gott uns erreicht, ist bereits ein Gebet. Es gibt ein inneres Beten, das kein Ende hat: deinen Wunsch. Wenn du ohne Unterlaß beten willst, dann höre nie auf zu wünschen« . Trauen Sie sich zu wünschen, und haben Sie den Mut, Gott Ihre Wünsche zu sagen.
3. Breiten Sie vor Gott auch Ihre Wünsche für Ihre Mitmenschen aus: für Familienangehörige, Freunde, die Gemeinde, die Kirche, die ganze Welt.
4. Psychologisch gesehen, kann man nie etwas erreichen, wenn man es sich nicht wirklich wünscht! Normalerweise übersteigen unsere Wünsche immer unsere Taten, aber dennoch freut sich Gott über unsere guten Wünsche.
5. Ein Wunsch kann einem Akt der Reue entsprechen, der uns von unseren Sünden reinigt; er kann auch ein Akt der Liebe sein, für den wir die Gnade Gottes verdienen.
6. Unsere Wünsche verraten, wer wir sind. Gott kennt unsere Wünsche und urteilt nach den verborgensten Wünsche unseres Herzens, obwohl er weiß, daß viele von ihnen dank unserer Schwäche nie wahr werden. Wir müssen uns ständig ein Urteil über unsere Wünsche bilden, um zu wissen, ob sie aus dem Heiligen Geist kommen, der in uns wohnt.
7. Wenn Sie spüren, daß die Zeit gekommen ist, beenden Sie die Übung.

Hinweise

◊ »Die Liebe besteht in der Mitteilung von beiden Seiten her; das heißt, daß der Liebende dem Geliebten gibt und mitteilt, was er hat, oder von dem, was er hat oder kann, und als Erwiderung ebenso der Geliebte dem Liebenden; hat also der eine Wissen oder Ehren oder Reichtümer, so teilt er sie dem mit, der sie nicht besitzt, und so auch der andere dem einen« (Geistliche Übungen 231).

◊ Alle vier folgenden Betrachtungen betreffen das Gesetz der Mitteilung, mit dem der heilige Ignatius die Liebe definiert: alles kommt von Gott, und alles soll ihm wieder dargeboten werden. Gottes Liebe zum Menschen ist immer persönlich, individuell, konkret. Wir selbst sind gemeint, wenn er sich uns in »Schöpfung und Erlösung und den besonderen Gaben« mitteilt.

◊ Die Liebe ist eine Gnade, die man von Gott durch das Gebet erhält, und nicht das Ergebnis menschlicher Bemühungen.

II. Biblische Betrachtung: *Was Gott uns mit Christus gibt*

1. Die Gabe des Vaters (1 Joh. 4,8-9).

Wer nicht liebt, hat Gott nicht erkannt; denn Gott ist die Liebe. Die Liebe Gottes wurde unter uns dadurch offenbart, daß Gott seinen einzigen Sohn in die Welt gesandt hat, damit wir durch ihn leben.

2. Die Gaben Christi an die Schöpfung.

Alles ist durch das Wort geworden, und ohne das Wort wurde nichs, was geworden ist (Joh 1,3).

Er hat seinen eigenen Sohn nicht verschont, sondern ihn für uns alle hingegeben – wie sollte er uns mit ihm nicht alles schenken? (Röm. 8,32).

3. In ihm haben wir das Leben.

Ich bin gekommen, damit sie das Leben haben und es in Fülle haben (Joh. 10,10).

Ich bin das Brot des Lebens; wer zu mir kommt, wird nie mehr hungern, und wer an mich glaubt, wird nie mehr Durst haben (Joh. 6,35).

Ich bin das lebendige Brot, das vom Himmel herabgekommen ist. Wer von diesem Brot ißt, wird in Ewigkeit leben (Joh. 6,51).

4. Er ist unser Friede und vereint uns.

Denn er ist unser Friede. Er vereinigte die beiden Teile (Juden und Heiden) (Eph. 2,14).

Er hat beschlossen, die Fülle der Zeiten heraufzuführen, in Christus alles zu vereinen, alles, was im Himmel und auf Erden ist (Eph. 1,10).

5. In ihm sind wir Kinder Gottes (Eph. 1,5).

Er hat uns aus Liebe um voraus dazu bestimmt, seine Söhne zu werden durch Jesus Christus.

6. Durch Christus bekamen wir die Gabe des Heiligen Geistes.

Durch ihn habt ihr das Siegel des verheißenen Heiligen Geistes empfangen, als ihr den Glauben annahmt (Eph. 1,13).

Der Beistand aber, der Heilige Geist, den der Vater in meinem Namen senden wird, der wird euch alles lehren und euch alles erinnern, was ich euch gesagt habe. (Joh. 14,26)

7. Durch ihn werden unsere Sünden vergeben (Kol. 1,19-20).

Denn Gott wollte mit seiner ganzen Fülle in ihm wohnen, um durch ihn alles zu versöhnen. Alles im Himmel und auf Erden wollte er zu Christus führen, der Friede gestiftet hat am Kreuz durch sein Blut.

Große Freude , kleine Ursache

*Kleine Dinge können einen sehr glücklich machen.
Dies ist die Geschichte eines Gefangenen
in einem Nazi-Gefängnis:*

*Der Verhaftete wurde Tag und Nacht gepeinigt und gefoltert.
Eines Tages wurde er in eine andere Zelle verlegt,
die ein Dachfenster besaß,
durch das er am Tag
ein Stückchen blauen Himmel sehen konnte
und nachts ein paar Sterne.
Er war entzückt und schrieb über sein großes Glück
nach Hause an seine Familie.
So groß war seine Freude.*

*Ich las diese Geschichte
und blickte aus meinem Fenster.
Allen Überfluß der Natur sah ich vor mir.
Und ich war frei, und kein Gefangener,
konnte gehen, wohin ich wollte!
Ein Gebet der Freude erhob sich in mir,
ausgelöst durch diesen armen Gefangen.*

38. Gottes Gaben an die Menschen

I. Übung: Gott im Mittelpunkt

1. Beginnen Sie mit einer Entspannungs- und Stilleübung.
2. Machen Sie nun eine Liste Ihrer Wünsche, so vollständig wie möglich. Seien Sie ehrlich. Welchen Rang nimmt Gott und die Suche nach ihm ein? Welchen Rang hat die Liebe zum Vater im Vergleich mit Ihren anderen Wünschen? Welchen Platz hat Jesus Christus? Gibt es irgendwelche Wünsche, die sie verdrängen und nicht zulassen?
3. Bedenken Sie nun gründlich die Mittel, mit denen Sie die guten Wünsche fördern und den schlechten entfliehen können. Unterwerfen Sie diese Mittel der Billigung Gottes.
4. Wenden Sie diesselbe Methode im Hinblick auf Ihre Probleme an. Stellen Sie eine Liste auf, denken Sie über ein Problem nach dem andern nach: was tun Sie, um dieses Problem zu lösen? Zeigen Sie diese Mittel Gott. Sehen Sie, was von Gott kommt.
5. Behalten Sie diese im Gedächtnis und beenden Sie die Übung.

Hinweise

◊ Diese Übung reinigt uns, damit wir Gott und seine Gaben ganz in unserem Herzen empfangen können.

◊ Alles kommt von Gott, und alles soll ihm wieder geschenkt werden.

II. Biblische Betrachtung: *Gottes Gaben an uns*

1. Gott gibt uns nicht nur seine Gaben, sondern ist auch in ihnen gegenwärtig (Apg. 17,28).

Denn in ihm leben wir, bewegen wir uns und sind wir.

2. Gott ist in der Geschichte seines Volkes gegenwärtig und schließt einen Bund mit ihm.

Wenn einer den Herrn aufsuchen wollte, ging er zum Offenbarungszelt vor das Lager hinaus. ... Der Herr und Mose redeten miteinander Auge in Auge, wie Menschen miteinander reden (Ex. 33,7-11).

Ich lege mein Gesetz in sie hinein und schreibe es auf ihr Herz. Ich werde ihr Gott sein und sie werden mein Volk sein (Jer. 31,33).

3. Im Überfluß seiner Liebe.

Und das Wort ist Fleisch geworden und hat unter uns gewohnt (Joh. 1,14).

Du wirst ein Kind empfangen, einen Sohn wirst du gebären: dem sollst du den Namen Jesus geben (Lk. 1,31).

Seht, die Jungfrau wird ein Kind empfangen, einen Sohn wird sie gebären, und man wird ihm den Namen Immanuel geben, das heißt übersetzt: Gott ist mit uns (Mt. 1,23)

4. Er hat unter uns gewohnt (Joh. 14,23).

Wenn jemand mich liebt, wird er an meinem Wort festhalten; mein Vater wird ihn lieben, und wir werden zu ihm kommen und bei ihm wohnen.

5. Er ist auf heilige Weise in der Eucharistie gegenwärtig (Joh. 6,56).

Wer mein Fleisch ißt und mein Blut trinkt, der bleibt in mir, und ich bleibe in ihm.

Die Begegnung

»Wie kann ich Gott finden?« fragte der Schüler
»Durch dein Verlangen«, antwortete der Meister.
Eines Tages badeten beide im Fluß.
Der Meister tauchte den Schülern mit dem Kopf
unter Wasser,
bis der Ärmste verzweifelt um sich schlug,
um etwas Luft zu schnappen.
Tags darauf fragte der Meister seinen Schüler:
»Wieso hast du so um dich geschlagen,
als ich dich unter Wasser festhielt?«
»Ich brauchte Luft.«
»Siehst du, wenn dein Drang nach Gott so groß ist
wie der Drang zu atmen unter Wasser,
dann weißt du, daß du Gott gefunden hast.«

39. Das Wirken Gottes in der Geschichte

I. Übung: Quellen der Liebe

1. Beginnen Sie mit einer Entspannungs- und Stilleübung.
2. Bewegen Sie sich nun in das Zentrum Ihres Seins. Stellen Sie sich Flammen der Liebe vor, die auf Gott gerichtet sind, oder Quellen, die nach oben sprudeln.
3. Sprechen Sie ein Wort oder einen Satz, um diesem Impuls einen Rhythmus zu geben: »Mein Gott ist mein Ein und Alles!« »Herr Jesus, mein Erlöser.« »Abba, Vater!«
4. Hören Sie das Wort. Hören Sie es wachsen, in den verschiedenen Teilen Ihres Körpers widerhallen: Kopf, Herz ... bis es ganz in ihm widerhallt.
5. Erspüren Sie anschließend, wie das Wort den Raum erfüllt, das Haus, jeden erfaßt, die ganze Welt. Ein Schrei aus den Tiefen des Seins entsteht in Ihrem Herzen und verbreitet sich über die ganze Welt. Dieses Wort wächst in Ihrem Herzen.
6. Beenden Sie die Übung.

II. Biblische Betrachtung: *Das Wirken Gottes in der Geschichte*

1. Von der ersten bis zur letzten Seite der Bibel ist das Wirken Gottes in der Geschichte gegenwärtig.

Am Anfang schuf Gott Himmel und Erde (Joh. 1,1).

Und der auf dem Thron sprach: »Seht, ich mache alles neu« (Offb. 21,5).

2. Das Wirken Gottes zeigt sich in der Vorsehung für das erwählte Volk, mit dem er einen Bund schließt.

Dann sagte Mose: Laß mich doch deine Herrlichkeit sehen! Der Herr gab zur Antwort: Ich gewähre Gnade, wem ich will, und ich schenke Erbarmen, wem ich will. (Ex. 33,19).

Ich werde ihr Gott sein, und sie werden mein Volk sein (Jer. 31,33).

3. In Christus tritt das Wirken Gottes für die Menschen am sichtbarsten hervor.

Alles ist durch das Wort geworden, und ohne das Wort wurde nichts, was geworden ist (Joh. 1,3).

Er ist das Ebenbild des unsichtbaren Gottes, der Erstgeborene der ganzen Schöpfung. Denn in ihm wurde alles erschaffen im Himmel und auf Erden, das Sichtbare und das Unsichtbre, Throne und Herrschaften, Mächte und Gewalten; alles ist durch ihn und auf ihn hin geschaffen (Kol. 1,15.16).

4. In seinem Namen werden die Menschen erlöst (1 Kor. 6,11).

Aber ihr seid reingewaschen, seid geheiligt, seid gerecht geworden im Namen Jesu Christi, des Herrn, und im Geist unseres Gottes.

5. Er betet für die Einheit der Gläubigen und verwirklicht sie.

Alle sollen eins sein. Wie du, Vater, in mir bist und ich in dir bin, sollen auch sie in uns sein, damit die Welt glaubt, daß du mich gesandt hast (Joh. 17,21).

Denn er ist unser Friede. Er vereinigt die beiden Teile (Juden und Heiden) und riß durch sein Sterben die trennende Wand der Feindschaft nieder (Eph. 2,14).

Er führt sein Wirken in der Kirche fort

Darum geht zu allen Völkern,
und macht alle Menschen zu meinen Jüngern;
tauft sie auf den Namen des Vaters
und des Sohnes und des Heiligen Geistes,
und lehrt sie, alles zu befolgen,
was ich euch geboten habe.
Seid gewiß:
Ich bin bei euch alle Tage
bis zum Ende der Welt.

Matthäusevangelium 28, 19.20

40. Gott in allen Dingen

I. Übung: Der Name Jesu in der Schöpfung

1. Beginnen Sie mit einer Entspannungs- und Stilleübung.
2. Lauschen Sie im Geiste den Wogen des Meeres, dem Rauschen eines Flusses, hören Sie den Wind in den Blättern eines Baumes, dem Klang des Universums angesichts des Sternenhimmels, der Stille der Nacht … Alles verherrlicht den Namen Jesu.
3. Lauschen Sie dem Namen Jesu im Takt der Geräusche der Technik: Motoren, Maschinen, Autos.
4. Lauschen Sie, wie der Name Jesu in Ihrem Herzen widerhallt! Hören Sie das All nach ihm rufen, und sehen Sie ihn, wie er auf sie zukommt.

Hinweise

◊ Die Gnade dieses Gebetes besteht darin, uns die Sicht der christlichen Weisheit zu vermitteln. Sie erlaubt es uns, alles unter dem Licht des durch die Liebe Fleisch gewordenen Wortes zu sehen. So ist Christus für uns das Licht. Christus ist der Quell des lebendigen Wassers. Quell alles Guten und aller unserer Gnade.

◊ Die Welt, die Geschehnisse und die Menschen werden durch das Licht Christi verändert, und nur durch dieses Licht kann man sie verstehen. Und so schließt sich der Kreis: von den Dingen zu Gott, der in ihnen gegenwärtig ist und zu unserem Wohl wirkt; und von Gott, der Quelle alles Guten, der Wurzel aller Güte, Christus dem Erlöser, Abbild des Vaters, steigen wir herab zu dem, was die Schöpfung gleichzeitig als innerstes und tiefstes hat. Von den Geschöpfen Gottes zu Gott! Vom Schöpfer zu den Geschöpfen!

II. Biblische Betrachtung:
Gott in allen Dingen

1. Alles kommt von oben, nicht zuletzt Jesus Christus.

Und das Wort ist Fleisch geworden und hat unter uns gewohnt, und wir haben seine Herrlichkeit gesehen, die Herrlichkeit des einzigen Sohnes vom Vater, voll Gnade und Wahrheit (Joh. 1,14).

Aus seiner Fülle haben wir alle empfangen, Gnade über Gnade (Joh. 1,16).

2. Alles in Christus sehen (Kol. 1,15-20).

Er ist das Ebenbild des unsichtbaren Gottes, der Erstgeborene der ganzen Schöpfung. Denn in ihm wurde alles erschaffen im Himmel und auf Erden, das Sichtbare und das Unsichtbare, Throne und Herrschaften, Mächte und Gewalten; alles ist durch ihn und auf ihn hin geschaffen. Er ist vor aller Schöpfung, in ihm hat alles Bestand. Er ist das Haupt des Leibes, der Leib aber ist die Kirche. Er is der Ursprung, der Erstgeborene der Toten; so hat er in allem den Vorrang. Denn Gott wollte mit seiner ganzen Fülle in ihm wohnen, um durch ihn alles zu versöhnen. Alles im Himmel und auf Erden wollte er zu Christus führen, der Friede gestiftet hat am Kreuz durch sein Blut.

3. Christus ist der Quell

Am letzten Tag des Festes, dem großen Tag, stellte sich Jesus hin und rief: Wer Durst hat, komme zu mir, und es trinke, wer an mich glaubt. Wie die Schrift sagt: Aus seinem Inneren werden Ströme von lebendigem Wasser fließen (Joh. 7,37-38).

Wer aber von dem Wasser trinkt, das ich ihm geben werde, wird niemals mehr Durst haben; vielmehr wird das Wasser, das ich ihm gebe, in ihm zur sprudelnden Quelle werden, deren Wasser ewiges Leben schenkt (Joh. 4,14).

4. Christus ist das Licht.

Er (Johannes) *war nicht selbst das Licht, er sollte nur Zeugnis ablegen für das Licht, damit alle durch ihn zum Glauben kommen* (Joh. 1,8).

Ich bin das Licht der Welt. Wer mir nachfolgt, wird nicht in der Finsternis umhergehen, sondern wird das Licht des Lebens haben (Joh. 8,12).

Warum der Vogel singt

Ein Mönch ging eines Tages im Klostergarten spazieren
und hörte dabei das Lied eines Vogels.

Verzaubert lauschte er. Ihm war,
als hätte er nie zuvor einen Vogel singen hören,
wirklich gehört.

Als das Lied zu Ende war,
ging er in das Kloster zurück
und entdeckte zu seiner Bestürzung,
daß er für seine Mitbrüder ein Fremder war
und sie für ihn.

Nur langsam wurde ihm und ihnen klar,
daß er nach Jahrhunderten zurückgekehrt war.
So versunken hatte er gelauscht,
daß die Zeit stehengeblieben
und in die Ewigkeit hinübergeglitten war.